জিনিয়াসের মতো ভাবো!

গণিতবিদ ও বিজ্ঞানীদের অনুপ্রেরণামূলক গল্প

ডেভিড ই. ম্যাকঅ্যাডামস

কপিরাইট © ২০২৫। সর্বস্বত্ব সংরক্ষিত। কপিরাইট ধারকের লিখিত অনুমতি ছাড়া এই নথির কোনো অংশ কোনোভাবেই নকল, সংরক্ষণ, বা প্রেরণ করা যাবে না।

সূচিপত্র

অভিভাবকের নির্দেশিকা....................1
দ্য ক্যাওস এক্সপ্লোরার্স: বিস্ময় করার সাহসী একটি দল....................6
স্যার আইজ্যাক নিউটন – সাধারণ জিনিস নিয়ে ভাবা....................7
জুলিয়া রবিনসন – লেগে থাকার রানি....................9
এলিয়ার জেনো: ভুল হওয়াও দারুণ হতে পারে....................10
ক্লিডাসের ইউডক্সাস: শিক্ষার গুরুত্ব....................11
আল-খোয়ারিজমি: টুকরো টুকরো, ধাপে ধাপে....................13
সিরাকিউজের আর্কিমিডিস: যে উদ্ভাবক জীবনকে আরও ভালো করেছিল....................15
রেনে দেকার্ত: যে মানুষটা গণিতের বিষয়গুলো মিশিয়েছিল....................16
পিয়ের দ্য ফার্মা: গণিতের রহস্য-তৈরির কারিগর....................17
মারিয়া গায়েতানা আগনেসি: মেধা আর মমতার ভারসাম্যকারিণী....................19
জিং ফাং: গণিতের সুর, আর চাঁদের গণিত....................21
ব্লেজ পাস্কাল: যে ছেলে শেখার জন্য অপেক্ষা করতে পারত না....................22
পিয়ের ও মেরি কুরি: দুই উজ্জ্বল স্ফুলিঙ্গের শক্তি....................24
আলবার্ট আইনস্টাইন: কৌতূহলেই চলে তাঁর ইঞ্জিন....................26
যে নারী জঙ্গলে চলে গিয়েছিলেন....................27
ভার্নার ফন ব্রাউন: যে ছেলে রকেটের স্বপ্ন দেখত....................29
সি. ভি. রমন: যে বিজ্ঞানী বিজ্ঞানেরই প্রথম স্থান দিয়েছিল....................30
জর্জ ওয়াশিংটন কারভার: যে বিজ্ঞানী নিজের আলো ভাগ করে দিয়েছিল....................32
বারবারা ম্যাকক্লিনটক: ভুট্টার ফিসফিস-শোনা বিজ্ঞানী....................33
আলবার্ট শ্‌ভাইৎজার: যে মানুষটা সবকিছুর খেয়াল রাখত (নিজেকেও!)....................35
লিওনার্দো দা ভিঞ্চি: যে বিজ্ঞানী স্বপ্ন আঁকতে আঁকতে ডুডল করত....................36
ফ্লোরেন্স নাইটিঙ্গেল: যে নার্স সবকিছুই খেয়াল করত....................38
কার্ল সেগান: তারাদের দিকে তাকিয়ে যে ছেলেটা বুদ্ধিদীপ্ত প্রশ্ন করত 40
গ্যালিলিও গ্যালিলেই: আকাশ-দেখা যে মানুষটা নিজের মনটা খুলে দিয়েছিল....................42
গ্রেগর মেন্ডেল: ধৈর্যশীল মটর-চয়নকারী....................44
রোজালিন্ড ফ্রাঙ্কলিন: ধাঁধা-সমাধানের সঙ্গী....................45
রিচার্ড ফাইনম্যান: দুর্দান্ত ব্যাখ্যাকারী....................47
মাইকেল ফ্যারাডে: সত্যের ঝিলিক....................48
ইয়োহানেস কেপলার: গ্রহ-ধাঁধার সমাধানকারী....................49
নিকোলা টেসলা: যে মানুষটা ঝিলিকের ভেতর স্বপ্ন দেখত....................51
চিয়েন-শিয়ুং উ: যে বিজ্ঞানী হাল ছাড়েনি....................52
র‍্যাচেল কারসন: পৃথিবীর হয়ে কথা বলা বিজ্ঞানী....................54

অ্যালেকজান্ডার ফ্লেমিং: ছাঁচ-লাগা চমক-হিরো..56
চার্লস ডারউইন: যে অভিযাত্রী "আমি জানি না" বলতে ভয় পেত না. .57
টাইকো ব্রাহে: অসাধারণ তারামাপনী..59
দিমিত্রি মেন্ডেলেয়েভ: এলোমেলো রসায়নের জগতে শৃঙ্খলার জাদুকর
.... 61
সোফি জার্মাঁ: যে নারী বারবার জিজ্ঞেস করত—"কেন?"...............................63
পল এর্দশ: যে মানুষটা ঘুমের থেকেও সংখ্যাকে বেশি ভালোবাসত......65
লিয়নহার্ড অয়লার: গণিতের জাদুকর...66
জেমস ক্লার্ক ম্যাক্সওয়েল: লুকোনো প্যাটার্নের মাস্টার..........................68

অভিভাবকের নির্দেশিকা

গণিতবিদ ও বিজ্ঞানীদের অনুপ্রেরণামূলক গল্প এবং তারা যে গুণগুলো শেখান

এই বইটা শুধু গল্পের সংগ্রহ নয়। এটা আইডিয়ার একটা বাগান—প্রতিটি গল্প একেকটা বীজ, প্রতিটি গুণ একেকটা সম্ভাবনার কুঁড়ি। আমাদের শিশুরা যখন শুনছে, ভাবছে, কল্পনা করছে—তখন আমরা তাদের শুধু জ্ঞানেই নয়, চরিত্রেও বড় হতে সাহায্য করি।

এই পাতাগুলোর প্রতিটি বিজ্ঞানী ও গণিতবিদ শুধু মেধার গল্প বলেন না—তারা দেখান কীভাবে বাঁচতে হয়। তাদের মন সম্ভাবনার সীমা টেনেছিল অনেক দূর, কিন্তু তাদের গুণগুলো তাদের মাটিতে গেঁথে রেখেছিল: কৌতূহল, ধৈর্য, কল্পনা, টিকে থাকার শক্তি, আর আরও অনেক কিছু। এগুলো শুধু জিনিয়াসদের গুণ নয়—এগুলো ভালো জীবনেরও গুণ।

আপনার সন্তানের সঙ্গে এই বই কীভাবে ব্যবহার করবেন

প্রতিটি গল্প শেষ হলে একটু থামুন। এমন প্রশ্ন করুন—

- *এই মানুষটি এমন কী করেছিল যেটা কঠিন ছিল?*
- *কোন জিনিসটা তাকে এগিয়ে যেতে সাহায্য করেছিল?*
- *সে কেমন মানুষ হয়ে উঠছিল?*
- *আজ আমরা কীভাবে সেই গুণটা একটু চর্চা করতে পারি?*

এই গল্পগুলো শুরু করার জায়গা। এগুলোকে কথোপকথনে ফুটতে দিন—আলাপ, আঁকিবুঁকি, পরিবারের ছোট প্রকল্প, আর ভাবনায়। গুণ সবচেয়ে ভালো বেড়ে ওঠে—যখন সবাই মিলে তা বাঁচিয়ে রাখে।

আপনার সন্তানকে উৎসাহ দিন ডায়েরি লিখতে, আঁকতে, অভিনয় করে দেখাতে, বা প্রতিটি গল্প থেকে অনুপ্রাণিত হয়ে ছোট ছোট লক্ষ্য ঠিক করতে। এগুলো শুধু "পাঠ" নয়—এগুলো পরিবার হিসেবে এমন একটা সংস্কৃতি গড়ার সুযোগ, যেখানে প্রজ্ঞা, বিস্ময়, আর হৃদয়কে সম্মান করা হয়।

একসঙ্গে খুঁজে দেখার ও চর্চা করার মতো গুণগুলো

কৌতূহল– মেরি কুরি

তিনি এমন প্রশ্ন করেছিলেন, যা আগে কেউ ভাবেনি।

চেষ্টা করে দেখুন: কৌতূহলের হাঁটা দিন। পরিবারের "কেন-ডায়েরি" রাখুন। আপনার সন্তানকে দেখান—আপনিও জোরে জোরে ভাবেন।

কল্পনা – নিকোলা টেসলা

তিনি বিদ্যুতের সঙ্গে নাচে এমন যন্ত্রের স্বপ্ন দেখেছিলেন।

চেষ্টা করে দেখুন: কার্ডবোর্ড দিয়ে অদ্ভুত আবিষ্কার বানান। রাতে "যদি এমন হতো?" গল্প বানিয়ে বলুন।

অটলতা/লেগে থাকা – জুলিয়া রবিনসন

তিনি বারবার ব্যর্থ হয়েছেন, তবু বারবার চেষ্টা করেছেন।

চেষ্টা করে দেখুন: "ভুল-উৎসব" দিন। আপনারও কোথায় হোঁচট খেয়েছেন তা বলুন। পরিবারের মন্ত্র বানান: "আবার চেষ্টা করো—তারপর আরও ভালোভাবে।"

পর্যবেক্ষণ – ফ্লোরেন্স নাইটিঙ্গেল

তিনি এমন প্যাটার্ন দেখতেন, যা জীবন বাঁচাত।

চেষ্টা করে দেখুন: "কে কী লক্ষ্য করল?" খেলুন। ঘরে ছোট ডেটা সংগ্রহ করুন: টয়লেট পেপার কে শেষ করে? বিড়ালকে কে খাওয়ায়?

বিনয় – চার্লস ডারউইন

প্রমাণ দেখে তিনি নিজের বিশ্বাস বদলাতে সাহস করেছেন।

চেষ্টা করে দেখুন: জোরে বলুন, "আমি ভুল ছিলাম।" মন বদলানোর সাহসকে উদযাপন করুন।

নিখুঁততা/সূক্ষ্মতা – টাইকো ব্রাহে

তিনি একদম যত্ন করে নোট নিয়ে নক্ষত্র "ম্যাপ" করেছিলেন।

চেষ্টা করে দেখুন: রান্না বা হাতের কাজ সতর্কভাবে করুন। মাপুন, তারপর অবাক হন। ধীরে আর ভালো করে এক কাজ করার অভ্যাস করুন।

শিক্ষা – ক্লিডাসের ইউডক্সাস

তিনি যা শিখেছেন, তা অন্যকে দিতে চেয়েছেন।

চেষ্টা করে দেখুন: আপনার সন্তানকে বলুন আপনাকে নতুন কিছু শেখাতে। কথা বলুন—শেখা হলো ভাগ করে নেওয়ার উপহার।

প্রারম্ভিক শেখা – ব্লেজ পাস্কাল

তিনি অপেক্ষা করেননি—ছোটবেলাতেই কৌতূহল শুরু করেছিলেন।

চেষ্টা করে দেখুন: জিজ্ঞেস করুন, "এখনই তুমি কী শিখতে চাইবে?" তারপর একসঙ্গে খুঁজে দেখুন।

ভুল করা থেকেও ঠিক পথে – এলিয়ার জেনো

তার ভুল থেকেই বহু শতকের চিন্তার আগুন জ্বলে উঠেছিল।

চেষ্টা করে দেখুন: ভুল হলেও সাহসী ভাবনাকে প্রশংসা করুন। প্রশ্ন করুন, "আর কী হতে পারে?"

সমালোচনামূলক চিন্তা – কার্ল সেগান

তিনি মানুষকে বুদ্ধি করে প্রশ্ন করতে শিখিয়েছিলেন।

চেষ্টা করে দেখুন: পরিবারের "ফাঁকি ধরার যন্ত্র" বানান। বিজ্ঞাপন/শিরোনাম দেখে জিজ্ঞেস করুন, "এখানে কৌশলটা কী?"

ধাপে ধাপে আবিষ্কার – মুহাম্মদ ইবন মুসা আল-খোয়ারিজমি

তিনি একেকটা ইঙ্গিত ধরে বীজ থেকে বীজে বীজে বীজে—বীজগণিত গড়েছিলেন।

চেষ্টা করে দেখুন: সন্তান কিছু শিখলে জিজ্ঞেস করুন, "এর পরের ধাপ কী?" স্তরে স্তরে আইডিয়া গড়তে উৎসাহ দিন।

প্রতিকূলতা সামলে ওঠা – চিয়েন-শিয়ুং উ

অস্বীকৃতি পেরিয়ে তিনি মেধা ও মর্যাদা নিয়ে উঠেছেন।

চেষ্টা করে দেখুন: কঠিন দিনে বলুন, "এটা কঠিন ছিল। তবু তুমি কত সাহসী ছিলে।"

নমনীয়তা – আলেকজান্ডার ফ্লেমিং

অপ্রত্যাশিত ঘটনায় তিনি "জাদু" খুঁজে পেয়েছিলেন।

চেষ্টা করে দেখুন: ভুলকে অ্যাডভেঞ্চারে বদলান। পরিকল্পনা বদলালেও নতুন দিককে স্বাগত জানান।

জীবন সহজ করা – সিরাকিউজের আর্কিমিডিস

তিনি একটার পর একটা আবিষ্কার দিয়ে জীবনকে উন্নত করেছিলেন।

চেষ্টা করে দেখুন: জিজ্ঞেস করুন, "ঘরে কোন কাজটা আমরা সহজ বা ভালো করতে পারি?"

গোছালো ভাব/সংগঠন – দিমিত্রি মেন্ডেলেয়েভ

তিনি ছড়ানো তথ্যকে সাজিয়ে দিলেন—একটা টেবিলে।

চেষ্টা করে দেখুন: মোজা সাজান, ঝিনুক/পাথর সাজান। "পরিষ্কার আইডিয়া" বোর্ড বা খাতা রাখুন।

সাধারণ জিনিসেও বিস্ময় – আইজ্যাক নিউটন

আপেল পড়ল—তিনি জিজ্ঞেস করলেন, "কেন?"

চেষ্টা করে দেখুন: একসঙ্গে "কেন?" বলুন। টোস্টার কেন লাফিয়ে ওঠে? মেঘ কেন ভাসে?

আইডিয়া জোড়া লাগানো – রেনে দেকার্ত

তিনি বীজগণিত আর জ্যামিতিকে মিশিয়ে গ্রাফ বানিয়েছিলেন।

চেষ্টা করে দেখুন: জিজ্ঞেস করুন, "দুটো আইডিয়া একসঙ্গে কীভাবে কাজ করে?" গান+গণিত, রান্না+রসায়ন—মিশিয়ে দেখুন।

যোগাযোগ/বোঝানো – রিচার্ড ফাইনম্যান

তিনি বিজ্ঞানকে খেলায় পরিণত করেছিলেন।

চেষ্টা করে দেখুন: আপনার সন্তানকে আপনাকে বুঝিয়ে বলতে দিন। পরিষ্কার করে বোঝানোকে উদযাপন করুন। একে অপরকে শেখাতে মজা করুন।

"যদি?" – পিয়ের দ্য ফার্মা

তিনি এমন প্রশ্ন বানিয়েছিলেন, যা শত শত বছর মাথা ঘুরিয়েছে।

চেষ্টা করে দেখুন: সমস্যা এলে জিজ্ঞেস করুন, "তুমি প্রথমে কী চেষ্টা করবে?"

দায়িত্ব – র‍্যাচেল কার্সন

তিনি প্রকৃতির পক্ষে সত্য আর সাহস নিয়ে কথা বলেছিলেন।

চেষ্টা করে দেখুন: কোনো জীবিত কিছুর যত্ন নিন। জিজ্ঞেস করুন, "আজ কাকে বা কীকে আমাদের সাহায্য করা দরকার?"

জীবনের ভারসাম্য – মারিয়া গায়েতানা আগনেসি

তিনি পড়াশোনা আর সেবাকে একসঙ্গে জায়গা দিয়েছিলেন।

চেষ্টা করে দেখুন: শান্ত শেখা আর আনন্দের সেবা—দুটোই সূচিতে রাখুন। জিজ্ঞেস করুন, "আজ কার প্রতি তুমি দয়া দেখাতে পারো?"

শৃঙ্খলা – ইয়োহানেস কেপলার

তিনি বছরের পর বছর ধরে মহাকাশের বাঁক-ঘুরে যাওয়া রেখা খুঁজেছেন।

চেষ্টা করে দেখুন: দীর্ঘমেয়াদি একটা প্রকল্প নিন, প্রতিদিন/প্রতি সপ্তাহে একটু একটু করে এগোন। নিখুঁতের চেয়ে অগ্রগতিকে উদযাপন করুন।

খোলা মন – গ্যালিলিও গ্যালিলেই

খরচ পড়লেও তিনি নতুন করে দেখতে শিখেছিলেন।

চেষ্টা করে দেখুন: ভিন্ন মতকে স্বাগত জানান। বলুন, "আবার দেখি তো—আর কী সত্য হতে পারে?"

বিস্ময়ভরা অনুসন্ধান – ক্যাওস ক্যাবাল

তারা অজানায় ঝাঁপিয়ে পড়ে লুকোনো সৌন্দর্য খুঁজে পেয়েছিল।

চেষ্টা করে দেখুন: আপনার সন্তানের যে প্রশ্নগুলো তাকে উত্তেজিত করে সেগুলো অনুসরণ করুন। "বুনো বিস্ময়" এর জন্য জায়গা রাখুন।

বিষয় মেশানো – জিং ফাং

তিনি গণিত আর সঙ্গীতকে মিলিয়ে সুরের মতো সামঞ্জস্য বানিয়েছিলেন।

চেষ্টা করে দেখুন: অপ্রত্যাশিত যোগসূত্র খুঁজুন—ফুটবলে জ্যামিতি, সঙ্গীতে প্যাটার্ন, কবিতায় ছন্দ।

অভিভাবকদের জন্য শেষ কথা

জিনিয়াস হওয়া বজ্রপাতের মতো হঠাৎ নয়। এটা সারাজীবনের একটা স্ফুলিঙ্গ। রাতে ঘুমোবার আগে করা প্রশ্নে, ভুলকে সুন্দরভাবে সামলাতে পারায়, আর বিস্ময় করতে সাহসী হৃদয়ে—এই আলো জ্বলে ওঠে।

এই গল্পগুলো পড়ে আর তাদের গুণগুলো নিয়ে ভাবলে আপনি শুধু বিজ্ঞান জানা শিশু গড়ছেন না। আপনি গড়ছেন—একজন চিন্তক, একজন স্বপ্নদ্রষ্টা, একজন কাজ-করা মানুষ। এমন একটি শিশু, যে সাহস, আনন্দ, আর প্রজ্ঞা নিয়ে বাঁচতে শেখে।

এই গল্পগুলোকে আপনার কম্পাস হতে দিন। গুণকে আপনার পরিবারের অ্যাডভেঞ্চার হতে দিন

দ্য ক্যাওস এক্সপ্লোরার্স: বিস্ময় করার সাহসী একটি দল

খুব বেশিদিন আগের কথা নয়—ক্যালিফোর্নিয়ার সান্তা ক্লারা ইউনিভার্সিটিতে কয়েকজন দারুণ কৌতূহলী চিন্তক একসঙ্গে জড়ো হয়েছিলেন। তাদের মধ্যে ছিলেন রবার্ট শ' নামে এক তরুণ। তিনি মাথায় জাদুকরের টুপি পরতেন না ঠিকই... কিন্তু তার মাথার ভেতরটা ছিল একেবারে জাদুকরের মতো!

রবার্ট আর তার বন্ধুরা সোনা খুঁজছিল না, কিংবা গুপ্তধনের মানচিত্রও না। তারা খুঁজছিল আরও অদ্ভুত কিছু—**ক্যাওস**, মানে "অরাজকতা"।

ইলাস্ট্রেশন 1: ক্যাওস ক্যাবাল

কিন্তু দাঁড়াও—ক্যাওস মানে কী? শুধু এলোমেলো ঘর? চুলের "আজকে যা হচ্ছে হোক" অবস্থা? না না! বিজ্ঞানে ক্যাওস হলো এমন অবস্থা, যেখানে জিনিসটা দেখতে একদম এলোমেলো আর অনিশ্চিত মনে হয়—কিন্তু ভিতরে ভিতরে... লুকিয়ে থাকে একটা **গোপন ছন্দ**, একটা **গোপন প্যাটার্ন**।

রবার্ট শ' আর তার দল সাধারণ পথ ধরে হাঁটতেন না। অন্য বিজ্ঞানীরা যখন "স্পষ্ট উত্তর" পাওয়া যায় এমন বিষয় নিয়ে কাজ করতেন, তারা তখন জিজ্ঞেস করতেন—

"ধোঁয়া কেন পাক খেয়ে ঘোরে?"

"আমরা আবহাওয়া একদম নিখুঁতভাবে কেন বলতে পারি না?"

"এলোমেলোর ভেতরে কি শৃঙ্খলা খুঁজে পাওয়া যায়?"

তারা জানতেন না তাদের প্রশ্নগুলো কোথায় নিয়ে যাবে। কিন্তু সেটাই তাদের থামায়নি। বরং ওটাই ছিল তাদের সবচেয়ে উত্তেজনার অংশ! তারা বিশ্বাস করতেন—অজানাকে ভয় পাওয়ার কিছু নেই। অজানাকে অন্বেষণ করতে হয়!

তারা নিজেদের নাম দিয়েছিল ক্যাওস ক্যাবাল। "ক্যাবাল" মানে ভাবলে—একটা একটু গোপন-গোপন ধরনের চিন্তকদের দল। কিন্তু এই দলটা ভৌতিক ছিল না। এরা ছিল কৌতূহলে ঝলমলে! তারা অদ্ভুত যন্ত্র

বানাত, ঘূর্ণি-ঘূর্ণি গ্রাফ আঁকত, আর কম্পিউটার মডেল বানাত—যেগুলো দেখতে এমন লাগত যেন গ্যালাক্সিরা নাচের ভঙ্গি করছে!

তারা আবিষ্কার করেছিল—

- টুপটাপ পড়া একটা সাধারণ কলও ড্রাম সোলোর মতো আচরণ করতে পারে।
- লাফানো একটা বলও নাকি এক গোপন তাল মেনে চলতে পারে।
- এমনকি হার্টবিট, গ্রহের চলন, আর সঙ্গীতের মধ্যেও লুকিয়ে থাকে ছায়া-প্যাটার্ন—যা বাইরে থেকে একদম এলোমেলো মনে হয়।

বেশিরভাগ মানুষ পরিষ্কার-পরিচ্ছন্ন উত্তর পছন্দ করে। ক্যাওস ক্যাবাল নয়। তাদের ভালো লাগত এমন প্রশ্ন, যেগুলোর কোনো মানচিত্র নেই, কোনো কম্পাস নেই, আর "সোনা পাওয়া যাবে" এমন নিশ্চয়তাও নেই। তাদের মন ছিল যেন মহাকাশ-রোভার—দুঃসাহসী চাকা ঘুরিয়ে অজানার ভেতরে এগিয়ে যায়।

তারা আমাদের শিখিয়েছে—কখনও কখনও অসাধারণ কিছু আবিষ্কার করতে হলে এই কথাটা বলতে স্বস্তি থাকতে হয়—

"আমরা এখনও জানি না। চলো খুঁজে দেখি!"

রবার্ট শ' আর তার বন্ধুদের থেকে আমরা শিখতে পারি—অজানাকে খুঁজতে যাওয়া ভয়ের নয়, রোমাঞ্চের! বিজ্ঞান শুধু সমস্যা সমাধানের নাম নয়; বিজ্ঞান হলো প্রশ্ন করা, পথে পথে ঘোরা, আর চমককে হাসিমুখে স্বাগত জানানো। আর সবচেয়ে এলোমেলো ঝড়ের ভেতরেও লুকিয়ে থাকতে পারে এক সুন্দর নাচ—যদি তুমি যথেষ্ট ভালো করে তাকাও।

তাই পরের বার জানালার কাঁচে বৃষ্টির ফোঁটা দৌড়াতে দেখলে, বা বাতাসে পাতাগুলো ঘুরতে দেখলে মনে রেখো: তুমি ক্যাওস দেখছ। আর হয়তো—শুধু হয়তো... তুমি নিজেও ক্যাওস অন্বেষণ করার জন্য প্রস্তুত।

স্যার আইজ্যাক নিউটন – সাধারণ জিনিস নিয়ে ভাবা

স্যার আইজ্যাক নিউটন ছিলেন একজন চিন্তক। তবে এমন নয় যে তিনি শুধু বিশাল, পাগলাটে আইডিয়া নিয়ে ভাবতেন—টাইম মেশিন বা গণিতের ড্রাগন-ট্রাগনের মতো (যদিও এসব আইডিয়া শুনে তিনি খুশিই হতে পারতেন!)। না, নিউটন সবচেয়ে বেশি ভালোবাসতেন সাধারণ জিনিস নিয়ে ভাবতে—যেগুলো তুমি প্রতিদিনই দেখো।

যেমন পড়ে যাওয়া।

যেমন লাফ দেওয়া।

যেমন গাছ থেকে আপেল ঝপ করে পড়া।

যেমন... আরে, আমরা বেলুনের মতো ভেসে আকাশে উড়ে যাই না কেন?

বেশিরভাগ মানুষ এসব নিয়ে ভাবেই না। তারা শুধু বলে, "অবশ্যই আমরা মাটিতেই থাকি!" তারপর আবার খেলাধুলা করে, বা স্যান্ডউইচ খেতে ব্যস্ত হয়ে পড়ে।

কিন্তু নিউটন? একদম না।

তিনি থামতেন। তাকিয়ে থাকতেন। আর ভাবতেন।

ইলাস্ট্রেশন 2: স্যার আইজ্যাক নিউটনের আপেল

"আমি লাফ দিলে আবার নিচে নেমে আসি কেন?"

"আপেল নিচেই পড়ে কেন—ডানে-বাঁয়ে বা ওপরে নয় কেন?"

"কোন অদৃশ্য শক্তি এসব করাচ্ছে?"

এই অদৃশ্য শক্তির নাম মাধ্যাকর্ষণ, আর স্যার আইজ্যাক নিউটন মানুষকে সেটা বুঝতে সাহায্য করেছিলেন।

একটা বিখ্যাত গল্প আছে—একবার নাকি একটা আপেল নিউটনের মাথায় ঠাস করে লেগেছিল। ঠাস! আর ঠিক তখনই তিনি মাধ্যাকর্ষণ নিয়ে ভাবতে শুরু করেন। গল্পটা সত্যি ছিল? হয়তো নয়। কিন্তু গল্পটা এই জিনিসটা ঠিকই দেখায়: নিউটন চারপাশের "বোরিং মনে হওয়া" জিনিসের ভেতরেও গভীর রহস্য খুঁজে নিতে ভালোবাসতেন।

নিউটন যখন প্রথম কঠিন গণিত পড়া শুরু করেন, তিনি কনফিউজড হয়ে পড়েছিলেন। একদম কনফিউজড! প্রায় হালই ছেড়ে দিচ্ছিলেন। কিন্তু একদিন হঠাৎ—সবকিছু ক্লিক করে গেল! মাথায় যেন একটা ঝলকানি—একটা হঠাৎ "আহা!" মুহূর্ত। আর তখনই গণিত তাঁর কাছে পরিষ্কার হয়ে গেল।

তারপর থেকে নিউটন গণিতকে ব্যবহার করতেন একেবারে সুপারপাওয়ারের মতো—সাধারণ জিনিসের ভেতর দিয়ে মহাবিশ্বের গোপন কথা খুলে দেখার জন্য।

তাই পরের বার তুমি যদি দেখো—একটা আপেল পড়ে যাচ্ছে, বা তুমি লাফ দিয়ে আবার মাটিতে নামছ, বা নিজের পায়েই হোঁচট খেয়ে

যাচ্ছ—তাহলে একটু হেসে নিও। এইটাই সেই দুনিয়া, যেটা নিউটন ভাবতেন। আর এই দুনিয়াটা রহস্যে ভর্তি—শুধু তোমার নজরে পড়ার অপেক্ষায়।

জুলিয়া রবিনসন – লেগে থাকার রানি

তুমি কি কখনও কোনো কিছু করতে গিয়ে বারবার চেষ্টা করেছ—যেমন এক পায়ে দাঁড়ানো, কাগজের ব্যাঙ ভাঁজ করা, বা ভীষণ কঠিন একটা ধাঁধা মেলানো—আর শেষে মনে হয়েছে, "এটা তো হচ্ছেই না!"?

ইলাস্ট্রেশন 3: জুলিয়া রবিনসন একটি উপপাদ্য প্রমাণ করার চেষ্টা করছেন

তাহলে শোনো—জুলিয়া রবিনসন এই অনুভূতিটা খুব ভালো চিনতেন। তিনি ছিলেন একজন গণিতবিদ—মানে এমন একজন, যার কাজই হলো ভয়ংকর কঠিন সংখ্যা-ধাঁধা আর মাথা-ঘুরানো সমস্যার সমাধান করা। আর তিনি বছরের পর বছর এমন সমস্যার পেছনে লেগে ছিলেন, যেগুলো যেন বলত, "হা হা, আমাকে ধরতে পারবে না!"

তার বন্ধু এলিজাবেথ স্কট একবার মজা করে বলেছিলেন, জুলিয়ার সাপ্তাহিক রুটিন নাকি এমন—

সোমবার - একটা উপপাদ্য প্রমাণ করার চেষ্টা

মঙ্গলবার - একটা উপপাদ্য প্রমাণ করার চেষ্টা

বুধবার - এখনও চেষ্টা চলছে

বৃহস্পতিবার - এখনও চেষ্টা চলছে

শুক্রবার - উপপাদ্যটা হলো... ওফ্, ভুল! মিথ্যা!

হ্যাঁ—জুলিয়া অনেকবার ব্যর্থ হয়েছেন। কিন্তু তিনি থামেননি। এইটাই হলো অধ্যবসায়: চেষ্টা করা, ভুল করা, আর তারপরও আবার চেষ্টা করা।

আর তিনি ছোটবেলা থেকেই এমন ছিলেন।

জুলিয়া যখন ছোট, তখন তিনি খুব অসুস্থ হয়ে পড়েছিলেন। এতটাই অসুস্থ যে টানা দুই বছর স্কুলে যেতে পারেননি। কিন্তু হাল ছেড়ে দেননি। সপ্তাহে মাত্র তিন দিন একজন টিউটরের সঙ্গে পড়াশোনা করে তিনি এক বছরেই চার ক্লাসের পাঠ ধরিয়ে ফেলেছিলেন! ভাবো তো—যেমন সবাই এক একটা সিঁড়ি ওঠে, আর তিনি এক লাফে চারটা সিঁড়ি!

পরে তিনি গণিত আর বিজ্ঞানের ক্লাসে অনেক সময় একমাত্র মেয়ে ছিলেন। তখনকার দিনে অনেকেই ভাবত, মেয়েদের নাকি বিজ্ঞানী বা গণিতবিদ হওয়া উচিত নয়। কিন্তু জুলিয়ার এতে কিছু যায় আসে না—তিনি গণিত ভালোবাসতেন, তাই লেগেই থাকতেন।

অনেকে আশা করত তিনি শিক্ষক হবেন, কারণ তখন "মেয়েদের কাজ" নাকি ওটাই। কিন্তু জুলিয়ার পরিকল্পনা ছিল আলাদা। তিনি বিখ্যাত গণিতবিদ হয়েছিলেন—"প্রথম নারী" ছিলেন বলে নয়, বরং কারণ তিনি অসম্ভব মনে হওয়া সমস্যাগুলোর পেছনে এমনভাবে লেগে থাকতেন যে একদিন সেগুলো আর অসম্ভব থাকত না।

জুলিয়া একবার বলেছিলেন:

"আমি চাই আমাকে মনে রাখা হোক... শুধু সেই উপপাদ্যগুলোর জন্য, যা আমি প্রমাণ করেছি, আর সেই সমস্যাগুলোর জন্য, যা আমি সমাধান করেছি।"

নে দাঁড়ায়—"আমি শুধু 'প্রথম মেয়ে' বলে নয়, আমি চাই পুরস্কারটা হোক—দৌড়টা শেষ করার জন্য!"

তাই পরের বার যখন কোনো কিছু কঠিন লাগবে, জুলিয়াকে মনে রেখো। চেষ্টা চালিয়ে যাও। এমনকি যদি সোমবার, মঙ্গলবার, বুধবার, বৃহস্পতিবার... আর শুক্রবারও হয়—আর উত্তরটা হয় "না-আ"। কারণ অধ্যবসায়ই "না-আ" কে একদিন বদলে দেয়— "ইউরেকা! পেয়ে গেছি!"

এলিয়ার জেনো: ভুল হওয়াও দারুণ হতে পারে

অনেক, অনেক আগে—প্রায় ২,৪০০ বছর আগে—এলিয়া শহরে থাকতেন একজন দার্শনিক, নাম জেনো। তিনি জন্মেছিলেন আনুমানিক খ্রিস্টপূর্ব ৪৯০ সালের দিকে, আর তিনি পড়াশোনা করেছিলেন এমন এক প্রাচীন চিন্তাধারার স্কুলে—যে জায়গাটা আজকের ইতালির ভেতরে পড়ে। তখনকার দিনে মানুষ আজকের মতো আলাদা আলাদা বিষয় বানিয়ে শেখাত না। দর্শন, বিজ্ঞান, ধর্ম, আর গণিত—সব কিছুকে একসঙ্গে বড় একটা "আইডিয়ার হাঁড়ি"তে নেড়ে-মিশিয়ে রান্না করা হতো।

এবার মজার অংশটা শোনো: জেনোর একটা তত্ত্ব ছিল—যেটা শেষে ভুল প্রমাণিত হয়েছিল, কিন্তু এক দারুণ কাজে লাগা ভুল!

জেনোর বিশ্বাস ছিল—মহাবিশ্ব আসলে একটাই বড়, ভাঙা যায় না এমন "সম্পূর্ণ জিনিস"। কেন? তিনি একটা কল্পনা করেছিলেন। ধরো তুমি একটা ফিনিশ লাইন পর্যন্ত হাঁটবে। প্রথমে তুমি হাঁটলে অর্ধেক পথ। তারপর বাকি যা থাকে, তার অর্ধেক হাঁটলে। তারপর আবার বাকি অংশের অর্ধেক। তারপর আবার... আবার... আরও আবার...

ইলাস্ট্রেশন 4: এলিয়ার জেনো "অর্ধেক পথ" করে এগোচ্ছেন

জেনো বলেছিলেন, যদি জায়গা এভাবে অনন্তবার ভাগ করা যায়, তাহলে তুমি নাকি কোনোদিনই শেষ পর্যন্ত পৌঁছাতে পারবে না! তাই তিনি ভাবতেন—মহাবিশ্বকে আসলে অনন্তভাবে ভাগ করা যায় না, মহাবিশ্ব অবশ্যই অবিভাজ্য।

কিন্তু জানো? তিনি ভুল ছিলেন। আজ আমরা জানি—মহাবিশ্বকে খুব, খুব ক্ষুদ্র অংশে ভাগ করা যায়, আর এমন হাঁটা শেষ করাও সম্ভব। তবু জেনোর এই ভুলটাই মানুষকে গভীরভাবে ভাবিয়েছিল। "ছোট থেকে আরও ছোট"—এই ভাবনা ভবিষ্যতের গণিতবিদদের ঠেলে দিয়েছিল অতি-ক্ষুদ্র অংশ নিয়ে পড়াশোনায়—যে অংশগুলো শূন্যের দিকে আরও আরও আরও কাছে যায়।

এই ভাবনাই পরে জন্ম দেয় ক্যালকুলাস—একটা শক্তিশালী গণিতের টুল, যা আজ বিজ্ঞান, ইঞ্জিনিয়ারিং, মহাকাশযাত্রা, এমনকি ভিডিও গেম বানাতেও কাজে লাগে!

তাই জেনো পুরো ঠিক না হলেও—শুধু লিখে আর ভাবিয়ে দিয়ে—তিনি পৃথিবীকে এক বিশাল লাফ এগোতে সাহায্য করেছিলেন।

কখনও কখনও ভুল হওয়াই অসাধারণ কিছুর প্রথম ধাপ।

ক্লিডাসের ইউডক্সাস: শিক্ষার গুরুত্ব

তুমি কি কখনও কোনো কিছু বুঝতে গিয়ে দেখেছ—ওহ! কেউ তো এটা আগেই সমাধান করে ফেলেছে? এই কারণেই অন্যদের কাছ থেকে শেখা এত দরকার—বিশেষ করে বিজ্ঞানী আর গণিতবিদদের জন্য!

ক্লিডাসের ইউডক্সাস বেঁচে ছিলেন প্রায় ২,৪০০ বছর আগে, এমন এক জায়গায়—যেটাকে আজ আমরা তুরস্ক বলি। ইউডক্সাস ছিলেন ভীষণ কৌতূহলী আর একদম জেদি-ধরনের শেখার মানুষ। তিনি শুধু একটা বই পড়ে বা একটা ক্লাস করে থেমে যাননি—তিনি বেরিয়ে পড়েছিলেন একেবারে শিক্ষার অভিযানে, অনেক দেশ-দেশান্তর পেরিয়ে!

ইলাস্ট্রেশন 5: ইউডক্সাস প্রতিদিন হাঁটে হাঁটে এথেন্সে যাচ্ছেন

প্রথমে তিনি আজকের ইতালি অঞ্চলে আর্কাইটাস নামে এক শিক্ষকের কাছে গণিত আর সঙ্গীত শিখেছিলেন। তারপর তিনি সিসিলিতে গেলেন ফিলিস্টন নামে এক চিকিৎসকের কাছ থেকে চিকিৎসাবিদ্যা শেখার জন্য। কিন্তু এখানেই শেষ নয়!

এরপর তিনি প্রতিদিন অনেক দূর হেঁটে এথেন্সে যেতেন—দর্শন আর গণিত শিখতে, যেখানে বিখ্যাত চিন্তক প্লেটো পড়াতেন। ইউডক্সাস এতটাই গরিব ছিলেন যে তাঁকে বন্দর এলাকায় থাকতে হতো, আর প্রতিদিন শহরে হাঁটে হাঁটে যেতে হতো—তবু তাঁর কোনো অভিযোগ ছিল না। তিনি সেরাদের কাছ থেকেই শিখতে চেয়েছিলেন।

পরে তিনি একেবারে মিশর পর্যন্ত গেলেন—হেলিওপোলিস শহরের পুরোহিতদের কাছে জ্যোতির্বিজ্ঞান শিখতে। তারা ছিল তারকা আর গ্রহের আসল এক্সপার্ট! বছরের পর বছর শেখার পর তিনি অবশেষে নিজের শহর ক্লিডাসে ফিরে এলেন এবং নিজের পর্যবেক্ষণাগার বানালেন—যাতে তিনি আকাশ দেখে গবেষণা করতে পারেন এবং যা শিখেছেন তা বই লিখে অন্যদের সঙ্গে ভাগ করে নিতে পারেন।

এত কিছু শেখার কারণে ইউডক্সাস পরে অন্যদের শেখাতে পেরেছিলেন—ঠিক যেমন তাঁর শিক্ষকরা তাঁকে শিখিয়েছিলেন। তিনি একটা বড় গণিতের সমস্যাতেও সাহায্য করেছিলেন! তখন অনেকেই ভাবত, সব সংখ্যাকেই ভগ্নাংশ হিসেবে লেখা যায়। কিন্তু কিছু সংখ্যা—যেমন দুইয়ের বর্গমূল (√২)—এভাবে ঠিক চলে না। ইউডক্সাস অনুপাত নিয়ে ভাবার একটা নতুন উপায় বের করেছিলেন, যা ভবিষ্যতের গণিতবিদদের অনেক ভালোভাবে বুঝতে সাহায্য করেছিল।

ইউডক্সাস আমাদের একটা খুব গুরুত্বপূর্ণ কথা শেখান: যত বেশি শেখো, তত বেশি আবিষ্কার করতে পারো। আর অন্যদের কাছ থেকে শিখলে, তোমাকে শূন্য থেকে শুরু করতে হয় না।

এই কারণেই মানুষ বলে, বিজ্ঞানী আর গণিতবিদরা নাকি *"দৈত্যদের কাঁধে দাঁড়িয়ে"* কাজ করেন। ইউডক্সাস কঠোর পরিশ্রম করে সেই কাঁধে উঠেছিলেন—তারপর অন্যদের আরও ওপরে উঠতে সাহায্য করেছিলেন!

আল-খোয়ারিজমি: টুকরো টুকরো, ধাপে ধাপে

অনেক আগে, ব্যস্ত আর প্রাণচঞ্চল বাগদাদ শহরে থাকতেন একজন মানুষ, যিনি সমস্যা সমাধান করতে ভীষণ ভালোবাসতেন। তাঁর নাম ছিল মুহাম্মদ ইবন মুসা আল-খোয়ারিজমি (ফারসি: محمد بن موسی خوارزمی)। নামটা বড়—তাই আমরা তাকে সংক্ষেপে বলি, আল-খোয়ারিজমি।

ইলাস্ট্রেশন 6: "হাউস অব উইজডম"-এ আল-খোয়ারিজমি

আল-খোয়ারিজমি কাজ করতেন এক এমন জায়গায়, যার নাম শুনলেই জাদুর গন্ধ পাওয়া যায়—হাউস অব উইজডম (জ্ঞানভাণ্ডার)। কল্পনা করো, এক বিশাল ভবন—ভর্তি স্ক্রল, মানচিত্র, যন্ত্রপাতি, আর পৃথিবীর সবচেয়ে বুদ্ধিমান লোকজন—সবাই একসঙ্গে বসে আইডিয়া শেয়ার করছে! যেন দুনিয়ার সবচেয়ে কুল স্কুল + লাইব্রেরি + সায়েন্স ল্যাব—সব একসঙ্গে!

আল-খোয়ারিজমি একসঙ্গে সব করতে চাইতেন না। তাঁর বিশ্বাস ছিল—সমস্যা সমাধান করতে হয় টুকরো টুকরো করে, ধাপে ধাপে, যতক্ষণ না উত্তর পাওয়া যায়। জমি ন্যায্যভাবে ভাগ করা হোক, বা তারাদের চলন হিসাব করা—তিনি একবারে একটাই অংশ ধরতেন।

যখন কেউ ভীষণ কঠিন গণিতের সমস্যা নিয়ে আসত, আল-খোয়ারিজমি বলতেন, "চলো, এটাকে ধাপে ধাপে ভেঙে ফেলি।"

তিনি আল-জাবর নামে একটি বিখ্যাত বই লিখেছিলেন, যেখানে দেখিয়েছিলেন—অজানা সংখ্যা থাকলেও সমীকরণ কীভাবে সমাধান করা যায়! এই ধারণাটাই পরে পরিচিত হয় বীজগণিত নামে, আর আজও সারা পৃথিবীতে এটা ব্যবহার করা হয়।

তিনি এলোমেলো একটা গণিতের সমস্যাকে এমনভাবে সাজিয়ে দিতেন, যেন দু'পাশে একটা দাঁড়িপাল্লা—দুই দিককে সমান ভারসাম্যে রাখতে হয়। তখন '×' বা '+' এর মতো ঝকঝকে চিহ্ন ছিল না—তিনি সবকিছু কথায় লিখে বোঝাতেন! তবু তিনি দেখিয়েছিলেন—একটু একটু করে যে কোনো সমস্যা সমাধান করা যায়।

তুমি কি কখনও ভেবেছ, আমাদের সংখ্যা পদ্ধতি কোথা থেকে এল? আল-খোয়ারিজমি হিন্দু-আরবি সংখ্যা—আমাদের দৈনন্দিন ০ থেকে ৯ —এর ব্যবহার ছড়িয়ে দিতে সাহায্য করেছিলেন। তার আগে ইউরোপে মানুষ রোমান সংখ্যা (X, V, L ইত্যাদি) ব্যবহার করত, যেগুলো দিয়ে গণিত করা ছিল অনেক বেশি ঝামেলার!

তার কাজের ফলে স্থানমান আর দশমিক পদ্ধতি আরও ছড়িয়ে পড়ে—যার কারণে যোগ, বিয়োগ, গুণ, ভাগ—সবই অনেক সহজ হয়ে যায়।

আল-খোয়ারিজমি শুধু গণিতেই থামেননি। তাঁর সময়ের জন্য তিনি পরিচিত পৃথিবীর অন্যতম সবচেয়ে নির্ভুল মানচিত্র বানাতেও সাহায্য করেছিলেন। তিনি একটি ভূগোলের বই লিখেছিলেন, যেখানে ২,৪০০-এরও বেশি শহরের অবস্থান তালিকাভুক্ত ছিল! দ্রাঘিমা আর অক্ষাংশ ব্যবহার করে তিনি মানুষকে বুঝতে সাহায্য করেছিলেন—পৃথিবীর মানচিত্রে তারা আসলে কোথায় আছে।

তিনি আগের মানচিত্রে থাকা ভুলগুলোও ঠিক করেছিলেন—যেমন টলেমির মানচিত্রে। এমনকি সেই সময়ের শাসক খলিফা আল-মা'মুন-এর জন্য এক বিশাল মানচিত্র তৈরিতেও সাহায্য করেছিলেন। ধাপে ধাপে, তাঁর মাপজোক পৃথিবীকে একটু একটু করে আরও "ঠিকঠাক" করে তুলেছিল।

তিনি চাঁদ, গ্রহ, আর তারাদের নিয়েও লিখেছিলেন। আল-খোয়ারিজমি চার্ট বানিয়েছিলেন—সূর্য আর গ্রহগুলো কীভাবে চলে তা দেখানোর জন্য। আর নক্ষত্র আর সূর্য দেখে সময় বোঝার যন্ত্র—অ্যাস্ট্রোল্যাব ও সূর্যঘড়ি—এসবের নকশা ও ব্যবহারেও তিনি সাহায্য করেছিলেন।

আল-খোয়ারিজমি আমাদের একটা গুরুত্বপূর্ণ কথা শেখান: সব কিছু একসঙ্গে করতে হয় না।

তিনি একদিনে বীজগণিত বানাননি। তিনি ভারত, পারস্য, আর গ্রিসের পুরোনো জ্ঞান থেকে শিখেছেন। তারপর নিজের ভাবনা যোগ করেছেন—এক ধাপ করে, এক ধাপ করে। তিনি শেখা আর ভাগ করে নেওয়া চালিয়ে গিয়েছিলেন বলেই তাঁর কাজ শত শত বছর ধরে গণিত, বিজ্ঞান, আর মানচিত্রবিদ্যাকে বদলে দিয়েছে।

সবচেয়ে বড় আইডিয়াও শুরু হয় ছোট থেকে।

আল-খোয়ারিজমির মতো, তুমিও এগোতে পারো—টুকরো টুকরো, ধাপে ধাপে।

সিরাকিউজের আর্কিমিডিস: যে উদ্ভাবক জীবনকে আরও ভালো করেছিল

অনেক, অনেক আগে—খুব পেছনে, খ্রিস্টপূর্ব ২৮৭ সালে—সিসিলি দ্বীপের সিরাকিউজ নামে এক শহরে জন্মেছিল এক ছেলে: আর্কিমিডিস। সিসিলি এখন ইতালির অংশ। আর্কিমিডিস গণিত এতটাই ভালোবাসতেন যে তিনি যখন স্নান করতেন, বা শরীরে তেল মাখানো হতো (তখনকার দিনে মানুষ এটা করত), তখনও তিনি নিজের ত্বকে বা অগ্নিকুণ্ডের ছাইয়ের ওপর আকৃতি আর রেখা আঁকিবুঁকি কাটতেন। মানে—তার কাছে গণিত ছিল একদম "মজা"!

ইলাস্ট্রেশন 7: আর্কিমিডিস এবং তার "ডেথ রে"

কিন্তু আর্কিমিডিস শুধু স্বপ্ন দেখতেন না—তিনি ছিলেন এমন একজন উদ্ভাবক, যিনি পৃথিবী বদলে দিয়েছিলেন। তাঁর প্রথম দিকের বড় আইডিয়াগুলোর একটা ছিল আর্কিমিডিসের স্ক্রু নামে এক যন্ত্র। এটা দেখতে এক ধরনের পাকানো নলের মতো—যেটা পানি উপরে তুলে দিতে পারে, যেন পানি পাহাড় বেয়ে উঠছে! আর জানো মজার কথা? আজও এটা ব্যবহার করা হয়—কৃষকদের ফসলের জমিতে পানি দেওয়ার কাজে।

যখন তার শহর আক্রমণের মুখে পড়েছিল, আর্কিমিডিস পালাননি—তিনি আবিষ্কার করেছেন! সিরাকিউজকে রক্ষা করতে তিনি বানিয়েছিলেন দারুণ দারুণ যন্ত্র। যেমন—বিশাল নখর-এর মতো যন্ত্র, যা শত্রুর জাহাজ তুলে নিত, হাওয়ায় দোলাত, আর তারপর পাথরের ওপর আছড়ে ফেলত! আর একটা গল্প আছে—তিনি নাকি আয়না দিয়ে সূর্যের আলো এক জায়গায় ফোকাস করে জাহাজে আগুন লাগিয়ে দিতেন (গল্পটা সত্যি কি না, তা নিয়ে তর্ক আছে!)। তিনি এসব মজা করার জন্য করেননি। তিনি করেছিলেন নিজের বাড়ি-শহরকে বাঁচাতে।

তবে আর্কিমিডিস শুধু যন্ত্র বানাননি। তিনি গণিতকেও আরও সহজ আর আরও শক্তিশালী করে তুলেছিলেন। তিনি বৃত্ত, গোলক—এমন

বাঁকানো আকৃতি কীভাবে মাপা যায়, সেটা বোঝার পথ খুলে দিয়েছিলেন। তাঁর ভাবনাগুলো পরের অনেক বিখ্যাত গণিতবিদকে সাহায্য করেছে—শত শত বছর পরে স্যার আইজ্যাক নিউটন-কেও!

আর তিনি পানিতে জিনিস কীভাবে ভাসে—তার একটা দারুণ ব্যাখ্যাও দিয়েছিলেন। তাই তুমি যখন পুলে "ধপাস" করে নামো আর পানি ছিটকে ওঠে—তখন তুমি আসলে *আর্কিমিডিসের নীতি* কাজ করতে দেখছ!

তিনি সুপার-বড় সংখ্যা গোনারও একটা চালাক উপায় বের করেছিলেন—এত বড় যে তিনি বলেছিলেন, এটা দিয়ে নাকি মহাবিশ্বের সব বালুকণাও গোনা যেতে পারে। বাহ! এটাকে বলে "বড় করে ভাবা"!

আর্কিমিডিস দড়ির চাকা দিয়ে জাহাজ সরাতে পারতেন, আর তার আবিষ্কার দিয়ে পুরো সেনাবাহিনীকে ভয় পাইয়ে দিতে পারতেন—তবু তাঁর কাছে সবচেয়ে সুন্দর জিনিস ছিল গণিত। রোমান আক্রমণের সময় তাঁর মৃত্যু হয়, আর তখনও তিনি নাকি একটা গণিতের সমস্যায় ডুবে ছিলেন।

আর্কিমিডিস আমাদের দেখিয়েছেন—কল্পনা + গণিত একসাথে থাকলে পৃথিবী বদলানো যায়। তিনি বিশ্বাস করতেন, সবচেয়ে জটিল আইডিয়াও জীবনকে ভালো করতে পারে—ফোঁটা ফোঁটা করে, স্ক্রু স্ক্রু করে, আকৃতি আকৃতি করে।

তুমি কি তুমিও কিছু উপকারী আবিষ্কার করতে চাও? জীবনকে আরও সহজ বা আরও মজার করতে তুমি কী বানাতে?

রেনে দেকার্ত: যে মানুষটা গণিতের বিষয়গুলো মিশিয়েছিল

রেনে দেকার্ত ছিলেন অনেক আগেকার একজন বড় চিন্তক। তিনি জন্মেছিলেন ১৫৯৬ সালে, ফ্রান্সে। তিনি যখন ছোট, প্রায়ই অসুস্থ হয়ে পড়তেন—তাই তাকে সকালে অনেক দেরি পর্যন্ত বিছানায় থাকতে দেওয়া হতো। কিন্তু মজার কথা হলো, ছোটবেলাতেই তিনি অনেক গভীরভাবে ভাবতেন। স্কুলে তিনি মন দিয়ে পড়াশোনা করতেন, আর বিশেষ করে গণিত তাঁর খুব পছন্দ হয়ে গেল। কেন? কারণ গণিত ছিল পরিষ্কার, যুক্তিসঙ্গত, আর "ভরসা করা যায়" এমন।

পরে দেকার্ত ইউরোপের নানা দেশে ঘুরেছেন, অনেক বই পড়েছেন। কিন্তু তাঁর মনে হতো—বেশিরভাগ বিষয়েই আন্দাজ আর গুলিয়ে ফেলা কথা বেশি। তাঁর কাছে কেবল গণিতই ছিল শক্তপোক্ত, ঠিকঠাক। তাই তাঁর মাথায় এল একটা বড় আইডিয়া: যদি আমরা গণিত

দিয়ে পুরো পৃথিবীকে বুঝতে চেষ্টা করি—তাহলে কেমন হয়?

তার সবচেয়ে গুরুত্বপূর্ণ আবিষ্কার ছিল—তিনি বীজগণিত আর জ্যামিতি—এই দুইটা গণিতের শাখাকে একসঙ্গে মিশিয়ে ফেলতে পারলেন। আগে এগুলো একদম আলাদা ছিল। জ্যামিতি মানে আকৃতি আর রেখার গল্প। আর বীজগণিত মানে সংখ্যা আর সমীকরণের গল্প। দেকার্ত দেখলেন—যদি একটা গ্রিডে (গ্রাফের মতো) সংখ্যা বসাও, তাহলে তুমি আকৃতিকে সমীকরণে বদলে দিতে পারো, আর সমীকরণকে আকৃতিতে বদলে দিতে পারো!

ইলাস্ট্রেশন ৪: রেনে দেকার্ত একটি গ্রাফ আঁকছেন

এই দারুণ আইডিয়া থেকেই জন্ম নিল, যেটাকে আজ আমরা বলি কার্তেসীয় জ্যামিতি—দেকার্তের নাম থেকেই "কার্তেসীয়"। এর কারণেই আমরা গ্রাফ পেপারে সমীকরণ দিয়ে রেখা-কার্ভ আঁকতে পারি, যেমন: $y = x + 2$ দেকার্তের জন্যই আজ আমরা এমনভাবে আকৃতি আর বীজগণিতকে মিশিয়ে কাজে লাগাতে পারি—যাতে বিল্ডিং ডিজাইন করা যায়, ভিডিও গেম বানানো যায়, এমনকি রকেটও উড়ানো যায়!

দেকার্ত দর্শন আর বিজ্ঞানও পড়েছিলেন, কিন্তু বীজগণিত আর জ্যামিতিকে একসাথে "বন্ধু বানিয়ে" দেওয়াটাই ছিল পৃথিবীর জন্য তাঁর অন্যতম বড় উপহার। তিনি দেখিয়েছেন—গণিতের আলাদা আলাদা ধারা একসঙ্গে কাজ করতে পারে, আর সেই মিলন থেকেই বেরিয়ে আসে একদম নতুন ধরনের আবিষ্কার।

পিয়ের দ্য ফার্মা: গণিতের রহস্য-তৈরির কারিগর

ফ্রান্সের রোদঝলমলে দক্ষিণ অংশে থাকতেন এক কৌতূহলী আইনজীবী—পিয়ের দ্য ফার্মা। দিনে তিনি তুলুজ শহরে আইনের কাজ সামলাতেন। কিন্তু রাতে—আহা, রাতে—তার মাথা ঘুরে বেড়াত সংখ্যার জাদুর দেশে: আকৃতি, প্যাটার্ন, আর একের পর এক টানটান ধাঁধার ভেতর!

ফার্মা শুধু সমস্যা সমাধান করতেন না—তিনি নতুন নতুন সমস্যা বানাতেন! তিনি সব সময় চকচকে, সম্পূর্ণ ব্যাখ্যা লেখা “ফাইনাল পেপার” বানাতেন না। বরং বইয়ের পাতার পাশে পাশে তাড়াহুড়ো করে নোট লিখে রাখতেন, আর বন্ধুদের চিঠি পাঠিয়ে বলতেন, “নাও, একটা ধাঁধা দিলাম—পারো তো সমাধান করো!” এই চ্যালেঞ্জগুলো শুধু অংকের প্রশ্ন ছিল না। এগুলো ছিল বীজ—ছোট ছোট প্রশ্ন, যেগুলো থেকে পরে জন্ম নিত বিশাল গণিতের আবিষ্কার। আর কখনও কখনও সেই “ফুল” ফুটতে লেগে যেত শত শত বছর!

ইলাস্ট্রেশন 9: পিয়ের দ্য ফার্মা বইয়ের পাতার পাশে লিখছেন

সেই বীজগুলোর মধ্যে একটা ছিল তাঁর বিখ্যাত রহস্যময় ফার্মার শেষ উপপাদ্য:

> *“২-এর বড় কোনো পূর্ণসংখ্যা n এর জন্য, কোনো তিনটি পূর্ণসংখ্যা A, B, C এমন হতে পারে না যাতে $A^n + B^n = C^n$ সমীকরণটি সত্য হয়।”*

ফার্মা দাবি করেছিলেন তাঁর কাছে প্রমাণ আছে—কিন্তু তিনি সেটার কোনো স্পষ্ট চিহ্ন রেখে যাননি। আর সেই ছোট্ট নোটই শুরু করেছিল ৩৫০ বছরের এক ধন-খোঁজা অভিযান! এই দীর্ঘ খোঁজ করতে গিয়ে গণিতের নতুন নতুন শাখা তৈরি হলো—শেষ পর্যন্ত ১৯৯৪ সালে অ্যান্ড্রু ওয়াইলস এটি প্রমাণ করেন।

ফার্মা শুধু “বড় উপপাদ্য” নিয়েই ছিলেন না। তিনি ক্যালকুলাস গড়ে ওঠার পথেও গুরুত্বপূর্ণ ভূমিকা রেখেছিলেন, ব্লেজ পাস্কাল-এর সঙ্গে সম্ভাবনা নিয়ে কাজ করেছিলেন, আর আলো কীভাবে চলে—সেটা নিয়ে ভাবতে গিয়ে তৈরি করেছিলেন ফার্মার নীতি: আলো এমন পথ বেছে নেয়, যাতে সময় লাগে সবচেয়ে কম।

কিন্তু তাঁর আসল জাদুটা কী? ফার্মা দেখিয়েছিলেন—একটা দারুণ প্রশ্ন করা, অনেক সময় উত্তর জানার থেকেও বেশি শক্তিশালী। তাঁর চালাক ধাঁধাগুলো কখনও গণিতবিদদের বিরক্ত করেছে, কখনও অনুপ্রাণিত করেছে, আবার কখনও চমকে দিয়েছে। আর সেইভাবেই তিনি আমাদের একটা বড় সত্য শিখিয়েছেন:

একটা ভালোভাবে গড়া, বিস্ময়ে ভরা প্রশ্ন—শতাব্দীর পর শতাব্দী ধরে প্রতিধ্বনি তুলতে পারে, কৌতূহলী মনকে ডাকতে পারে ভাবতে, ঘুরে দেখতে, আর অজানাকে আবিষ্কার করতে।

মারিয়া গায়েতানা আগনেসি: মেধা আর মমতার ভারসাম্যকারিণী

ইতালির মিলানের এক প্রাণচঞ্চল বাড়িতে, ১৭১৮ সালে জন্ম নিল এক কন্যাশিশু—মারিয়া গায়েতানা আগনেসি। বাড়িটা ছিল গান-বাজনা, টাকা-পয়সা, আর একেবারে হইচই-ভরা—কারণ সেখানে ছিল বিশেরও বেশি ভাইবোন! (হ্যাঁ! মোট ২১টা সন্তান!) কিন্তু মারিয়া ছিলেন "সাধারণ" বাচ্চা নন। তিনি যেন ফ্রক পরা এক সুপার ব্রেন!

ইলাস্ট্রেশন 10: মারিয়া গায়েতানা আগনেসি

তিনি যখন পাঁচ বছরের, তখনই ইতালিয়ান আর ফরাসি বলতে পারতেন। এগারো বছর বয়সে তিনি সাতটা ভাষায় কথা বলে সবাইকে তাক লাগিয়ে দিতেন—একেবারে শব্দের রঙধনু! তাঁর ডাকনাম ছিল "সাত-জিহ্বার বক্তা"। তোতা পাখি আর পণ্ডিত—দুজনকেই তিনি কথায় টেক্কা দিতে পারতেন!

মারিয়া শেখা এত ভালোবাসতেন যে এমনভাবে পড়াশোনা করতেন—শেষে অসুস্থই হয়ে পড়েছিলেন। ডাক্তাররা বললেন, "এবার নাচো, ঘোড়ায় চড়ো!" কিন্তু তুমি কি ভাবো, ঘোড়া দৌড়াতে দৌড়াতে তিনি মাথায় অংক করতেন না? একদম করতেন—থামবার পাত্রী নন তিনি!

যখন তিনি তার অনেক ভাইবোনকে হোমওয়ার্কে সাহায্য করতেন না, তখন তিনি ডুবে যেতেন সংখ্যার জগতে। চৌদ্দ বছর বয়সেই তিনি ব্যালিস্টিক্স (ছোড়া জিনিসের গতিপথ) আর জ্যামিতি নিয়ে পড়ছিলেন। (অনেকে তো কলেজ পর্যন্ত এসব নামই ঠিকমতো শোনে না!)

পনেরো বছর বয়সে তাঁর বাবা জমকালো পার্টি দিতেন, আর মারিয়া মিলানের সবচেয়ে বুদ্ধিমান মানুষদের সামনে নিজের মেধা দেখিয়ে সবাইকে চমকে দিতেন। তিনি নাকি ১৯০টা বড় বড় কঠিন বিষয়ে যুক্তি

দিয়ে "ডিফেন্ড" করেছিলেন—মানে যেন টানা ১৯০টা বিতর্ক জিতে ফেলা!

কিন্তু মারিয়া রাজমুকুট বা দুর্গ চাননি। তিনি মানুষকে সাহায্য করতে আর ঈশ্বরের সেবায় থাকতে চেয়েছিলেন। তাই তিনি একটা "ডিল" করেছিলেন: তিনি বাড়িতে শান্তিতে গণিত করবেন, আর একই সাথে গরিবদেরও সাহায্য করবেন। আর তিনি কথা রেখেছিলেন। তাঁর প্রতিটি হিসাবের সঙ্গে থাকত দয়া।

মারিয়া লিখেছিলেন এক বিশাল গণিতের বই—Instituzioni Analitiche—যেখানে ডিফারেনশিয়াল আর ইন্টিগ্রাল ক্যালকুলাস—দুটোরই গাইড ছিল। এই ধরনের গণিত আজও বিজ্ঞানীরা ব্যবহার করেন—রকেট থেকে রোলার কোস্টার পর্যন্ত সবকিছু বুঝতে! তাঁর বই এতই দারুণ ছিল যে তিনি নাকি একজন পোপ, একজন রানি, আর আরও অনেক গুরুত্বপূর্ণ মানুষের কাছ থেকে প্রশংসার চিঠি (মানে ফ্যান মেইল!) পেয়েছিলেন।

তার নামে একটা মজার গণিতের কার্ভও আছে—"দ্য উইচ অব আগনেসি"। নামটা শুনে ভৌতিক লাগলেও, আসলে এটা ভূতুড়ে নয়—এটা শুধু বাঁকানো আর চালাক—একদম মারিয়ার মনের মতো!

জীবনের পরে দিকে মারিয়া গণিত "প্রকাশ" কমিয়ে দিলেন, আর ভালোবাসা "প্রকাশ" বাড়িয়ে দিলেন—রোগী, বৃদ্ধ, গৃহহীন—সবার পাশে দাঁড়ালেন। তিনি নিজের ধনসম্পদ বিলিয়ে দিয়েছিলেন, এমনকি দান সংগ্রহও করেছিলেন, আর বৃদ্ধদের জন্য একটি আশ্রম গড়েছিলেন—যেখানে তিনি একজন বিনয়ী সন্ন্যাসিনীর মতো জীবন কাটিয়েছিলেন।

তিনি ১৭৯৯ সালে মারা যান—ধন-সম্পদ নিয়ে নয়, কিন্তু উদ্দেশ্যপূর্ণ এক জীবনের অর্থে ধনী হয়ে।

মারিয়া পৃথিবীকে দেখিয়েছিলেন—তুমি একসঙ্গে বুদ্ধিমানও হতে পারো, দয়ালুও হতে পারো; একজন গণিতবিদও হতে পারো, একজন মানবহিতৈষীও হতে পারো। তিনি প্রমাণ করেছিলেন—তোমার মস্তিষ্ক আর হৃদয় একসঙ্গে কাজ করতে পারে, যেন দুই হাত মিলে পৃথিবীটা একটু ভালো করে তোলে।

তাই পরের বার তুমি কোনো সমীকরণ "ব্যালান্স" করো, বা কোনো বন্ধুকে সাহায্য করো—মারিয়ার কথা মনে করো, সেই অংকের জাদুকরী, যিনি ভারসাম্যের শিল্পটা সত্যিই রপ্ত করেছিলেন।

জিং ফাং: গণিতের সুর, আর চাঁদের গণিত

অনেক আগে, প্রাচীন চীনে—প্রায় দুই হাজার বছর আগে—ছিলেন একজন মানুষ, নাম জিং ফাং (京房)। তিনি বিশ্বাস করতেন, সংখ্যা শুধু ভেড়া গোনার জন্য নয়—সংখ্যা দিয়ে নাকি খোলা যায় সঙ্গীতের রহস্য, তারাদের গোপন নিয়ম, এমনকি চাঁদের রহস্যও!

ইলাস্ট্রেশন 11: জিং ফাং—গণিত আর সঙ্গীত

জিং ফাং ছিলেন একেবারে অন্যরকম চিন্তক। তিনি গণিত আর সঙ্গীতকে মিশিয়ে দেওয়ার মাস্টার। কল্পনা করো—সুরের নোট হিসাব করা হচ্ছে ধাঁধা মেলানোর মতো! সম্রাটের মিউজিক ব্যুরোতে কাজ করতে করতে তিনি একটা দারুণ জিনিস খুঁজে পান: যদি তুমি ৫৩টা “পারফেক্ট ফিফথ” (সুরের একটা বিশেষ ব্যবধান) একটার ওপর একটা সাজাও, তাহলে সেটা প্রায় ৩১টা অক্টেভ-এর সাথে মিলে যায় (একই নোট—শুধু আরও উঁচু, আরও উঁচু)! অবাক লাগছে না? যেন তুমি একেবারে গোল করে হাঁটলে, আর শেষে প্রায় ঠিক সেই জায়গাতেই ফিরে এলে!

এটা করতে তিনি বড় বড় সংখ্যা আর চালাক হিসাব ব্যবহার করতেন—বারবার ভাগ, বারবার যোগ—আবারও আবারও। যেন ময়দা-ডিম নয়, গণিত দিয়ে বানানো সুরের রেসিপি!

আর সবচেয়ে মজার বিষয়? তাঁর হিসাবের নির্ভুলতা ছিল মাত্র ছয় অঙ্ক পর্যন্ত, তবুও উত্তর এতটাই কাছাকাছি ছিল যে মানুষ কানে শুনে তফাৎই ধরতে পারত না। তাঁর কাজ সুর মেলানো নিয়ে মানুষের বোঝাপড়া পাল্টে দিয়েছিল। আর জানো? ইউরোপে তাঁর মতো ভাবনা ধরতে লেগেছিল ১,৬০০ বছরেরও বেশি!

কিন্তু সঙ্গীতই একমাত্র জিনিস নয় যা জিং ফাং পড়তেন। তিনি আকাশের দিকেও তাকিয়েছিলেন, আর চাঁদ নিয়ে একটা দারুণ কথা বুঝেছিলেন: চাঁদ নিজে আলো দেয় না। চাঁদ আসলে সূর্যের আলো প্রতিফলিত করে—একটা বড় উজ্জ্বল আয়নার মতো! তিনি এমনকি জানতেন, চাঁদ গোল—একটা বলের মতো—অনেক মানুষ বিশ্বাস করার অনেক আগেই।

আরও আছে! জিং ফাং মুগ্ধ ছিলেন জ্ঞানভরা এক প্রাচীন বইয়ে—ইজিং (Yijing), যাকে আই চিং (I Ching) নামেও ডাকা হয়। এই বইটা হেক্সাগ্রাম আর রহস্যে ভর্তি। জিং ফাং গণিত দিয়ে এর প্যাটার্নগুলো খুঁজতেন, আর সেই প্যাটার্ন দেখে নানা কিছু সম্পর্কে অনুমানও করতেন। বলা যায়, তিনি গণিতকে ভাবতেন এক ধরনের জাদু-কী, যা দিয়ে সব দরজা খোলে: শব্দ, মহাকাশ, সময়, পরিবর্তন—সব!

দুঃখের কথা, জিং ফাং-এর জীবন শেষ হয়েছিল ট্র্যাজিকভাবে। কিন্তু তাঁর আইডিয়াগুলো বেঁচে ছিল—শত শত বছর ধরে উড়ে বেড়িয়েছে, বিজ্ঞানী আর সঙ্গীতজ্ঞ—দুই দুনিয়াকেই অনুপ্রাণিত করেছে।

তাই তুমি যদি সংখ্যা ভালোবাসো, সঙ্গীত ভালোবাসো, তারার দিকে তাকাতে ভালোবাসো, বা রহস্য মেলাতে ভালোবাসো—তাহলে তুমি আগে থেকেই জিং ফাং-এর গানের তালে তালে একটু নাচছ!

ব্লেজ পাস্কাল: যে ছেলে শেখার জন্য অপেক্ষা করতে পারত না

ফ্রান্সে, ক্লেরমঁ নামে এক শহরে, ১৬২৩ সালের ১৯ জুন জন্মেছিল এক ছেলে—ব্লেজ পাস্কাল। তখন কে জানত, এই ছেলেটাই ৪০ বছর হওয়ার আগেই গণিত, বিজ্ঞান, আর দর্শনে একেবারে ঝলমলে মস্তিষ্ক হয়ে উঠবে!

ইলাস্ট্রেশন 12: ব্লেজ পাস্কাল তাঁর বাবাকে দেখাচ্ছেন

ব্লেজ যখন মাত্র তিন বছর বয়সী, তখন তাঁর মা মারা যান। এরপর তাঁর বাবা এতিয়েন ব্লেজ আর তাঁর বোনদের দেখাশোনা করতেন। এতিয়েন শিক্ষার ব্যাপারে খুব কড়া (আর একটু অদ্ভুতও!) ধারণা পোষণ করতেন। তিনি ঠিক করলেন—ব্লেজ ১৫ বছর না হওয়া পর্যন্ত গণিত পড়বে না। হ্যাঁ, ঠিক শুনেছ—*গণিত মানা!*

কিন্তু ব্লেজ তো *কৌতূহলী*। তাঁর মনে হলো, গণিত এত শক্তিশালী নাকি যে লুকিয়ে রাখতে হচ্ছে? তাই গোপনে, মাত্র ১২ বছর বয়সে,

তিনি নিজেই গণিত নিয়ে ঘাঁটাঘাঁটি শুরু করলেন। একদিন তিনি বাবাকে চমকে দিয়ে দেখালেন একটা আবিষ্কার: ত্রিভুজের তিন কোণের যোগফল সবসময় দুইটা সমকোণের সমান! এতিয়েন এতটাই মুগ্ধ হলেন যে আর বাধা দিলেন না। উল্টে তিনি ব্লেজকে মহান গণিতবিদ ইউক্লিড-এর একটি বই এনে দিলেন। ব্লেজ যেন গণিতের এক ধনভাণ্ডারের চাবি পেয়ে গেলেন!

১৪ বছর বয়সে ব্লেজ প্যারিসে তাঁর বাবার সঙ্গে এমন সব সভায় যেতে শুরু করলেন, যেখানে দারুণ দারুণ বুদ্ধিমান চিন্তকরা আলোচনা করতেন। ভাবো তো—একজন টিনএজার গেম খেলছে না, বরং গণিতের মাস্টার আর দার্শনিকদের সঙ্গে আড্ডা দিচ্ছে! ১৬ বছর বয়সে তিনি তাদের সামনে এমন একটা জিনিস দেখিয়ে সবাইকে তাক লাগিয়ে দিলেন—পাস্কালের মিস্টিক হেক্সাগন—জ্যামিতির এক রহস্যময় আকৃতি, যার ভিতরে লুকিয়ে আছে অনেক গোপন সম্পর্ক।

পরে তারা যখন রুয়াঁ শহরে গেলেন, ব্লেজ বাবাকে কর আদায়ের কাজে সাহায্য করতে লাগলেন। কিন্তু মুদ্রা গোনা—লিভ্‌র, সোল, দেনিয়ে—এসব হিসাব ছিল ভীষণ ঝামেলার। তাই ব্লেজ বানিয়ে ফেললেন এক দারুণ যন্ত্র: এমন একটি মেশিন, যা যোগ আর বিয়োগ করতে পারে! নাম ছিল পাস্কালিন। দেখতে ছিল একদম পুরনো ধরনের ক্যালকুলেটরের মতো। তখন তাঁর বয়স মাত্র ১৯!

কিন্তু ব্লেজ এখানেই থামেননি। তিনি জানতে চাইতেন—বাতাস আর পানি কেন এমনভাবে আচরণ করে? তিনি চাপ নিয়ে গবেষণা করলেন, প্রমাণ করলেন—শূন্যস্থান থাকতে পারে, এবং "খালি জায়গা" নিয়ে বিখ্যাত দার্শনিক রেনে দেকার্ত-এর সঙ্গে তর্কেও জড়ালেন! (একবার দেকার্ত নাকি বলেছিলেন, "পাস্কালের মাথায় বেশি ভ্যাকুয়াম।" আহা! কী কটাক্ষ!)

এরপর এল আরও আবিষ্কার। তিনি বুঝলেন তরল পদার্থ কীভাবে চাপ দিয়ে জিনিসকে ধাক্কা দেয় (আজ যাকে বলা হয় পাস্কালের সূত্র), জলবিন্দুর আকৃতি, বাঁকানো রেখা, আর ঘূর্ণায়মান বৃত্ত—এসব নিয়েও কাজ করলেন। এমনকি তিনি আরেক বিখ্যাত চিন্তক পিয়ের দ্য ফার্মা-এর সঙ্গে মিলে তৈরি করতে সাহায্য করলেন সম্ভাবনা নামের গণিতের শাখা—যেটা গেম, আন্দাজ, আর "চান্স"—এসবের পেছনের গণিত!

দুঃখের কথা, ব্লেজ প্রায়ই অসুস্থ থাকতেন। কিন্তু তিনি চিন্তা করা থামাতেন না। বিছানায় শুয়েও তিনি পাশা খেলায় কী হয়, এমন সব বিষয়ে চিঠি লিখতেন, আর কঠিন ধাঁধা নিয়ে ভাবতেন। এক রাতে এক ভয়ংকর ঘোড়ার গাড়ির দুর্ঘটনার পর ব্লেজের জীবনে এক প্রবল আধ্যাত্মিক অনুভব হয়। তারপর থেকে তিনি তাঁর জীবনের অনেকটা

সময় বিশ্বাস, আশা, আর ঈশ্বর নিয়ে বড় প্রশ্ন—এসব নিয়ে লেখালেখিতে দিলেন।

তবু তাঁর শেষের দিকের বছরগুলোতেও গণিতকে পুরো ছাড়তে পারলেন না। তিনি সাইক্লয়েড নামে এক বিশেষ বক্ররেখা নিয়ে একটা প্রতিযোগিতাও আয়োজন করেছিলেন, আর এমন সব সমস্যা সমাধান করেছিলেন—যা অন্যরা পারছিল না!

ব্লেজ পাস্কাল মারা যান মাত্র ৩৯ বছর বয়সে। কিন্তু ততদিনে তিনি অনেক মানুষের পুরো জীবনের সমান কাজ করে ফেলেছিলেন। তিনি দেখিয়েছিলেন—শুরুটা আগে করলে, কৌতূহল ধরে রাখলে, আর আইডিয়ার পেছনে দৌড়ালে—পৃথিবীটা আলোকিত হয়। তুমি যদি জিজ্ঞেস করো "কোণ কয়?" বা "জীবনের মানে কী?"—পাস্কাল প্রমাণ করেছিলেন, বড় প্রশ্ন করতে কখনওই খুব তাড়াতাড়ি হয় না।

পিয়ের ও মেরি কুরি: দুই উজ্জ্বল স্ফুলিঙ্গের শক্তি

ফ্রান্সের প্যারিসে থাকতেন দুইজন ভীষণ কৌতূহলী বিজ্ঞানী—পিয়ের আর মেরি কুরি। এরা এমন "সাধারণ" বিজ্ঞানী ছিলেন না, যারা শুধু ল্যাব কোট পরে আর গগলস লাগিয়ে কাজ করে (ঠিক আছে, ল্যাব কোট হয়তো ছিল!)। এরা ছিল একেবারে সুপার-বিজ্ঞানী—বিস্ময়ে ভরা, লেগে থাকার শক্তিতে ভরা, আর শেখার ভালোবাসায় ভরা। তারা যখন একসঙ্গে কাজ করতেন, মনে হতো তাদের মস্তিষ্কই যেন আইডিয়ায় ঝলমল করছে!

ইলাস্ট্রেশন 13: মেরি ও পিয়ের কুরি তাঁদের গবেষণাগারে

মেরি জন্মেছিলেন অনেক দূরের দেশ পোল্যান্ডে। তখনকার দিনে মেয়েরা সব সময় ছেলেদের মতো সুযোগ পেত না পড়াশোনা করার। কিন্তু মেরি? তিনি শেখা ভালোবাসতেন। বই পড়তেন যেন সেগুলো গুপ্তধনের মানচিত্র! রাত জেগে পড়তেন, আর আরও শেখার জন্য প্রতিটি পয়সা জমাতেন। শেষে স্বপ্নের পেছনে দৌড়ে তিনি চলে এলেন একেবারে প্যারিসে—বিজ্ঞানী হওয়ার জন্য। তিনি তখনও জানতেন না—সেখানেই তিনি এমন একজনের সঙ্গে দেখা করবেন, যিনি তাঁর জীবন বদলে দেবেন।

পিয়ের ছিলেন শান্ত-স্বভাবের এক চিন্তক—লম্বা হাঁটা আর বড় বড় আইডিয়া তাঁর পছন্দ। জিনিসপত্র কীভাবে নড়াচড়া করে, পৃথিবী কেন এমনভাবে কাজ করে—এসব নিয়ে তিনি ভাবতেন। তিনি খুব বুদ্ধিমান ছিলেন। কিন্তু শুধু তাই নয়—তিনি ছিলেন দয়ালু আর ভাবুকও। যখন পিয়ের মেরির সঙ্গে দেখা করলেন, তিনি দ্রুতই বুঝলেন, "আরে! উনি তো ভীষণ মেধাবী!"

আর জানো? মেরিও মনে করলেন—পিয়েরও কম যান না!

তারা ফুল-চকলেট দিয়ে প্রেমে পড়েননি। না না। তারা প্রেমে পড়েছিলেন—বিজ্ঞানে! তাই তারা সঙ্গে সঙ্গেই একসঙ্গে কাজ শুরু করলেন। তারা পড়াশোনা করতেন এক অদৃশ্য জিনিস নিয়ে—রেডিয়েশন। এটা হলো বিশেষ ধরনের পাথর থেকে বের হওয়া একরকম ক্ষুদ্র কণা/শক্তি—যা তখনকার মানুষ ঠিক বুঝতেই পারত না। কিন্তু পিয়ের আর মেরি ঠিক করলেন—এটা তারা বুঝেই ছাড়বেন।

তারা কাজ করতেন এক ঠান্ডা, ধুলো-ভরা শেডে। কোনো ঝকঝকে যন্ত্রপাতি নেই। বড় কোনো মেশিন নেই। শুধু মস্তিষ্ক, দলবদ্ধতা, আর একগুঁয়ে কৌতূহল। ঘণ্টার পর ঘণ্টা, দিনের পর দিন, তারা গুঁড়ো করা পাথর নাড়তেন—নতুন কিছু খুঁজতে।

আর তারা *পেলেনও*।

একসঙ্গে কাজ করে পিয়ের আর মেরি আবিষ্কার করলেন দুইটা একদম নতুন মৌল: পোলোনিয়াম (মেরির দেশের নামে) আর রেডিয়াম (যেটা নাকি আলো ছড়াত—জ্বলে উঠত!)। তারা খুঁজে পেলেন এমন এক শক্তিশালী, রহস্যময় জিনিস—যা আগে কেউ দেখেনি।

তারা শুধু পাশাপাশি কাজ করেননি। তারা আইডিয়া ভাগ করে নিয়েছেন, একে অপরকে সাহায্য করেছেন, একে অপরকে আরও ভালো করে তুলেছেন। এটাকেই বলা যায় সিনার্জি—যখন এক যোগ এক মানে... শুধু দুই নয়, দুইয়ের থেকেও অনেক বেশি!

১৯০৩ সালে পিয়ের আর মেরি একসঙ্গে পদার্থবিজ্ঞানে নোবেল পুরস্কার পেলেন। তারা ইতিহাস বানিয়েছিলেন শুধু কী আবিষ্কার করেছেন বলে নয়—কীভাবে করেছেন বলে: দলবদ্ধতা, বিশ্বাস, আর শেখার প্রতি একসঙ্গে ভালোবাসা নিয়ে।

পিয়ের মারা যাওয়ার পরও মেরি কাজ থামাননি। তিনি আবিষ্কার করেছেন, পড়িয়েছেন, পথ দেখিয়েছেন। বিজ্ঞান জগতে তিনি হয়ে উঠেছিলেন—বিজ্ঞানে দুইবার নোবেল পুরস্কার জেতা প্রথম মানুষ।

তাহলে পিয়ের আর মেরিকে এত সফল করল কী?

তারা বুদ্ধিমান ছিলেন—হ্যাঁ। পরিশ্রমী? অবশ্যই। কিন্তু সবচেয়ে বড় কথা—তারা নিজেদের শক্তি একসঙ্গে জুড়ে দিয়েছিলেন। তারা একে

অপরের কথা শুনতেন। একে অপরকে সাহস দিতেন। তারা বিশ্বাস করতেন—বিজ্ঞানও, জীবনও—একসঙ্গে কাজ করলে আরও ভালো হয়।

আর এটাই হলো সিনার্জি।

আলবার্ট আইনস্টাইন: কৌতূহলেই চলে তাঁর ইঞ্জিন

ইলাস্ট্রেশন 14: আলবার্ট আইনস্টাইন ভাবছেন

তোমার হাতে যদি থাকে—এলোমেলো চুল, স্বপ্ন-স্বপ্ন হাসি, আর এমন এক মিলিয়নটা প্রশ্ন যা কখনও থামে না—তাহলে কী পাও? পাও আলবার্ট আইনস্টাইন—যে ছেলেটা বিস্ময় করা বন্ধই করত না।

আলবার্ট সবসময় "টপ স্টুডেন্ট" ছিলেন না। মুখস্থ করা তাঁর ভালো লাগত না, চুপচাপ বসে থাকাও না। কিন্তু তাঁর মাথার ভেতরে? ওটা ছিল ভীষণ ব্যস্ত। তাঁর মস্তিষ্ক যেন মৌচাক—ভনভনভন করে আইডিয়া বানাচ্ছে!

তিনি একটা কম্পাসের দিকে ঘণ্টার পর ঘণ্টা তাকিয়ে থাকতেন, ভাবতেন: "সুঁচটা সবসময় উত্তর দিকেই কেন দেখায়?"

তিনি কল্পনা করতেন, তিনি যেন আলোর একটা রশ্মির পাশে পাশে দৌড়াচ্ছেন।

আর এমন প্রশ্ন করতেন: "সময় আসলে কী? আর এটা কি সবসময় একইভাবে চলে?"

বেশিরভাগ মানুষ প্রশ্ন বড় হয়ে গেলে থেমে যায়। আলবার্ট থামতেন না। তাঁর কৌতূহল—তার বিভ্রান্তির থেকেও শক্তিশালী ছিল।

শুধু "উত্তর পড়ে" থেমে না থেকে আলবার্ট আইডিয়ার পেছনে দৌড়াতেন।

তিনি বানাতেন দারুণ দারুণ "ভাবনা-পরীক্ষা"—যেন গণিত দিয়ে বানানো দিবাস্বপ্ন। তিনি কল্পনা করতেন—মহাকাশযানে ঘড়ি চলছে, মহাশূন্যে ভাসমান লিফট, আর আলো টেনিস বলের মতো টুকটুক লাফাচ্ছে। প্রতিটা অদ্ভুত আইডিয়া তাকে একটু একটু করে মহাবিশ্ব কীভাবে কাজ করে—তার কাছাকাছি নিয়ে যেত।

এইভাবেই তিনি বের করলেন আপেক্ষিকতার তত্ত্ব। এটা বিজ্ঞানের সবচেয়ে বিস্ময়কর আইডিয়াগুলোর একটা। এটা বদলে দিয়েছে—আমরা সময়, মহাকাশ, এমনকি মাধ্যাকর্ষণকেও কীভাবে দেখি!

সবকিছুর শুরু ছিল একটা ছোট প্রশ্ন থেকে: “যদি এমন হয়?”

আলবার্ট মহান হয়েছিলেন কারণ তাঁর সবসময় ঠিক উত্তর থাকত—এমন নয়। তিনি মহান হয়েছিলেন কারণ তিনি প্রশ্ন করা কখনও বন্ধ করেননি। বৃদ্ধ বয়সে, সাদা চুল আর দয়ালু চোখ নিয়ে, তিনি বলেছিলেন:

> *“আমার কোনো বিশেষ প্রতিভা নেই। আমি শুধু প্রবলভাবে কৌতূহলী।”*

কৌতূহলই ছিল তাঁর মনের জ্বালানি—চিন্তার জন্য একেবারে রকেট ফুয়েলের মতো!

তাই পরের বার তুমি তারার দিকে তাকাও, বা ঘুরতে থাকা লাটিম দেখো, বা স্নানের পানির একটা বুদবুদ দেখো—একটা প্রশ্ন করো। উত্তর খুঁজতে দৌড়াও। বিস্ময়কে পথ দেখাতে দাও। কারণ তুমি জানো না—একটা ছোট্ট “কেন?”ও কখনও কখনও পুরো পৃথিবী আলো করে দিতে পারে।

যে নারী জঙ্গলে চলে গিয়েছিলেন

কিছু মানুষ ঠিক সময়ের জন্য অপেক্ষা করে। কিছু মানুষ কারও নির্দেশের জন্য অপেক্ষা করে। কিন্তু জেন গুডল?

ইলাস্ট্রেশন 15: জেন গুডল আর শিম্পাঞ্জিরা

তিনি নোটবই হাতে নিলেন, বাইনোকুলার গুছিয়ে নিলেন, আর সোজা জঙ্গলের ভেতরে হাঁটতে শুরু করলেন। এটা সেই গল্প—কীভাবে এক সাহসী নারী ঠিক করলেন, স্বপ্নের পেছনে যেতে তাঁর কারও “অনুমতি” লাগবে না।

জেন ছিলেন এক কৌতূহলী ছোট মেয়ে, যে প্রাণীদের সবচেয়ে বেশি ভালোবাসত। তিনি টারজান-এর গল্প পড়তেন, আর কল্পনা করতেন—নিজে জঙ্গলে থাকছেন, বনের জীবনই তাঁর ঘর!

তিনি কেঁচো নিয়ে এসে নিজের বিছানায় রাখতেন, বাগানে পিঁপড়ের সারি সারি মিছিল দেখতেন, আর একবার তো ডিম কীভাবে পাড়া হয় সেটা দেখার জন্য ঘণ্টার পর ঘণ্টা মুরগির খোপে লুকিয়েও ছিলেন!

অনেক বাচ্চা হতে চাইত নভোচারী বা বেকার। জেন চাইতেন— প্রাণীদের সঙ্গে থাকতে, আর তাদের গোপন জীবন জানাতে।

জেন কোনো ঝকঝকে বড় বিজ্ঞান স্কুলে পড়েননি। বরং মানুষ তাকে বলেছিল, "তুমি তো মেয়ে—আফ্রিকায় যেতে পারবে না।" কিন্তু জেন অপেক্ষা করেননি। তিনি কষ্ট করে কাজ করলেন, টাকা জমালেন, আর নিজেই একটা জাহাজে করে কেনিয়া পৌঁছে গেলেন।

সেখানে তিনি এক বিখ্যাত বিজ্ঞানীর সঙ্গে দেখা করলেন—যিনি জেনের আগ্রহ আর সাহস দেখে তাকে সুযোগ দিলেন। তখনই সত্যিকারের শুরু। জেন গেলেন তানজানিয়ার গভীর জঙ্গলে— শিম্পাঞ্জিদের নিয়ে পড়াশোনা করতে। খাঁচায় নয়—একদম বনের মধ্যে, যেভাবে তারা সত্যি সত্যি বাঁচে।

জেনের কাছে কোনো হাই-টেক যন্ত্রপাতি ছিল না। ছিল ধৈর্য, একটা নোটবই, আর অনেকগুলো পিনাট বাটার স্যান্ডউইচ।

তিনি ঘণ্টার পর ঘণ্টা চুপচাপ বসে দেখতেন—শিম্পাঞ্জিরা দোল খাচ্ছে, খেলছে, ঝগড়া করছে, আবার জড়িয়ে ধরছে। ধীরে ধীরে তারা জেনকে বিশ্বাস করতে শুরু করল।

আর জানো? জেন করে ফেললেন অবাক করা আবিষ্কারগুলো:

- শিম্পাঞ্জিরাও মানুষের মতো টুল ব্যবহার করে!
- তাদেরও অনুভূতি আছে—খুশি, দুঃখ—সব।
- তাদের আছে নাম, ব্যক্তিত্ব, আর পরিবার!

এর আগে কেউ এমনভাবে দেখেনি। কিন্তু জেন দেখেছিলেন—কারণ তিনি সেখানে ছিলেন: দেখছিলেন, ভাবছিলেন, আর কাজ করছিলেন।

জেন বসে বসে পৃথিবীর হাতে মানচিত্র পাওয়ার অপেক্ষা করেননি। তিনি নিজের পথ নিজেই বানিয়েছিলেন। তিনি ছিলেন প্রোঅ্যাক্টিভ— মানে, তিনি নিজেই কাজ শুরু করে দিতেন, পরিস্থিতিকে নাড়িয়ে দিতেন। তিনি আমাদের দেখিয়েছেন—সাহসী হতে সবসময় গলা চড়াতে হয় না। তোমাকে শুধু খেয়াল করতে হবে, যত্ন করতে হবে, কাজ করতে হবে, আর লেগে থাকতে হবে।

আজও জেন পৃথিবীর নানা প্রান্তে ঘুরে বেড়ান—প্রাণীদের রক্ষা করেন, আর শিশুদের বলেন—তারাও পরিবর্তন আনতে পারে।

তিনি বলেন:

"প্রতিটি মানুষ গুরুত্বপূর্ণ। প্রতিটি মানুষের একটা ভূমিকা

আছে।"

মানে—তুমিও জেনের মতো হতে পারো। কৌতূহলী হতে পারো। যত্নশীল হতে পারো। ছোট থেকে শুরু করে—একটা বড় কাজও করে ফেলতে পারো।

ভার্নার ফন ব্রাউন: যে ছেলে রকেটের স্বপ্ন দেখত

ইলাস্ট্রেশন 16: ভার্নার ফন ব্রাউন আর তার রকেট

ভার্নার ফন ব্রাউন যখন ছেলে, সে শুধু তারার দিকে তাকাত না—সে যেন তারাদের দিকেই নিশানা করত।
অন্য বাচ্চারা যখন ঘুড়ি ওড়ানো বা গো-কার্ট বানানোর স্বপ্ন দেখত, ছোট্ট ভার্নার চাঁদের দিকে তাকিয়ে ভাবত, "ওখানে যাব কীভাবে?"

এটাই ছিল তার *"শেষ লক্ষ্য মাথায় রেখে শুরু করা"*—শুধু রকেট বানানো নয়, মানুষকে মহাকাশে উড়িয়ে নিয়ে যাওয়া।

ভার্নারের জন্ম জার্মানিতে, ১৯১২ সালে। মহাকাশ আর সায়েন্স ফিকশনের বই তার ভীষণ পছন্দ ছিল। একবার তো সে খেলনা গাড়ির সাথে আতশবাজি বেঁধে দিল—শুধু দেখার জন্য কী হয়! (স্পয়লার: গাড়িটা ছুটেছিল ঠিকই... কিন্তু নিরাপদভাবে নয়!)

বড় হতে হতে সে আরও পড়ল, আরও শিখল, আর চলন, গতি, মাধ্যাকর্ষণ, আর জ্বালানি নিয়ে অজস্র প্রশ্ন করতে লাগল। সে শুধু খেলছিল না—সে পরিকল্পনা করছিল। প্রতিটা আইডিয়া, প্রতিটা আঁকিবুঁকি, প্রতিটা রকেট-পরীক্ষা—সবই ছিল তার বড় লক্ষ্যের দিকে একেকটা ধাপ: মহাকাশযাত্রা।

ভার্নার এক রাতেই মহাকাশ-বিজ্ঞানী হয়ে যায়নি। সে এমন রকেট বানিয়েছে যা কাজই করেনি। এমন ইঞ্জিন পরীক্ষা করেছে যা "ধপাং!" করে ফেটে গেছে। কিন্তু সে শিখতে থাকল, ঠিক করতে থাকল, আর চোখ রাখল আকাশেই।

পরে, দ্বিতীয় বিশ্বযুদ্ধের সময়, সে জার্মানির জন্য রকেট নিয়ে কাজ করেছিল। কিন্তু যুদ্ধের পর সে যুক্তরাষ্ট্রে চলে যায়। তার বুকের ভেতর সেই একই স্বপ্ন—মানুষকে মহাকাশে পাঠানো।

ভার্নার যোগ দিল নাসাতে (NASA), যেখানে সে সাহায্য করেছিল স্যাটার্ন V রকেট ডিজাইন করতে—এখন পর্যন্ত বানানো সবচেয়ে বড়, সবচেয়ে শক্তিশালী রকেটগুলোর একটি। সেটা শুধু উড়েনি—এটা মহাকাশচারীদের একেবারে চাঁদ পর্যন্ত নিয়ে গিয়েছিল!

১৯৬৯ সালে, যখন অ্যাপোলো ১১ আকাশে গর্জে উঠল, ভার্নার দেখল তার স্বপ্ন সত্যি সত্যি আকাশে উঠে যাচ্ছে। ধাপে ধাপে, পরিকল্পনা ধরে ধরে—সে অসম্ভবকে সম্ভব করে ফেলেছিল। সে শুরু করেছিল শেষ লক্ষ্য মাথায় রেখে, আর সেই লক্ষ্য পর্যন্ত পৌঁছানো না পর্যন্ত থামেনি।

ভার্নার ফন ব্রাউন একবার বলেছিলেন:

> *"আমি 'অসম্ভব শব্দটা খুব সাবধানে ব্যবহার করতে শিখেছি।"*

সে আগে একটা দৃশ্য দেখত—গোলটা কী—তারপর উল্টো দিক থেকে পরিকল্পনা করে সবকিছু গড়ত, শেষ লক্ষ্য মাথায় রেখে। বড় স্বপ্ন এভাবেই জন্মায়। আর এভাবেই সত্যি হয়।

তোমার কি কোনো স্বপ্ন আছে? কিছু বানানোর? কিছু আবিষ্কার করার? এমন কোথাও পৌঁছানোর—যেখানে আগে কেউ যায়নি? তাহলে ভার্নারের মতো করো—

1. কল্পনা করো (শেষ লক্ষ্য মাথায় রেখে শুরু করো)
2. পরিকল্পনা করো
3. কাজ করো

আর থেমো না—যতক্ষণ না তোমার রকেট পৌঁছে যায় তারাদের কাছে।

সি. ভি. রমন: যে বিজ্ঞানী বিজ্ঞানেরই প্রথম স্থান দিয়েছিল

ভারতে এক সময় ছিল এক ছেলে—যে আলোকে ভালোবাসত। লাইট বাল্ব নয়। টর্চলাইট নয়। শুধু... আলো নিজেই: পাতার ওপর রোদ পড়া, জলে চাঁদের আলো ঝিলমিল করা, আর আলো কীভাবে লাফিয়ে ফিরে আসে, বাঁকে, বা রঙ বদলায়—এই সব!

সেই ছেলেটির নাম ছিল চন্দ্রশেখর ভেঙ্কট রমন—তবে বেশিরভাগ মানুষ তাকে বলে সি. ভি. রমন। সে বড় হয়ে উঠেছিল বিশ্বের সবচেয়ে উজ্জ্বল বিজ্ঞানীদের একজন। আর সেখানে পৌঁছেছিল একটা খুব গুরুত্বপূর্ণ কাজ করে: সে আগে জরুরি জিনিসকে আগে রেখেছিল।

রমন ছোটবেলাতেই খুব মেধাবী ছিল। সে স্কুল তাড়াতাড়ি শেষ করে ফেলেছিল, আর টিনএজার বয়সেই কলেজে ঢুকে পড়েছিল!

কিন্তু রমন "দেখাও দেখাও" করতে সময় নষ্ট করত না। অন্য ছাত্ররা যখন খেলা করত বা ঘুমিয়ে পড়ত, রমন তখন লাইব্রেরিতে। সে মজা করেই বিজ্ঞান জার্নাল পড়ত, আর এমন সব প্রশ্ন করত —

- আকাশ নীল দেখায় কেন?
- আলো পানি ছুঁলে আসলে কী হয়?
- আলো কি আমাদের গোপন কথা বলে দিতে পারে?

ইলাস্ট্রেশন 17: মোমবাতির আলোয় সি. ভি. রমন

সে শুধু কৌতূহলী ছিল না—সে ছিল ফোকাসড।

কলেজের পর রমন সরকারি চাকরি করল। কাজ ছিল ব্যস্ত। কিন্তু জানো? তবু সে বিজ্ঞান থামায়নি।

সে প্রতিটা ফাঁকা মুহূর্ত ব্যবহার করত—লাঞ্চ ব্রেক, সন্ধ্যা, উইকএন্ড—ল্যাবে যাওয়া, পরীক্ষা করা, গবেষণাপত্র লেখা... সব! রমন বলত না, "আমি খুব ক্লান্ত।" সে বলত, "এটা আমার কাছে গুরুত্বপূর্ণ।"

সে জানত তার স্বপ্ন কী, আর সে স্বপ্নের জন্য সময় বের করত। এটাই হলো—আগে জরুরি জিনিসকে আগে রাখা।

একদিন জাহাজে চড়ে যেতে যেতে রমন দেখল—সমুদ্রের ওপর আলো কী সুন্দর করে নাচছে। তখন তার মাথায় প্রশ্ন এল: *আলো যখন পানির ভেতর দিয়ে যায়, তখন ঠিক কী ঘটে?*

সে পরীক্ষা করল। সে সূর্যের আলো ব্যবহার করল, কাঁচের ফ্লাস্ক ব্যবহার করল, আর ব্যবহার করল অনেক অনেক মস্তিষ্কশক্তি। আর তারপর—ধাম!—সে আবিষ্কার করল একদম নতুন একটা ব্যাপার: কিছু পদার্থের ভেতর দিয়ে "ফিরে লাফালে" আলো রঙ বদলে ফেলে! এই আবিষ্কারটাই পরে পরিচিত হলো রমন এফেক্ট নামে—আর এটা বিজ্ঞানীরা আলো নিয়ে কীভাবে গবেষণা করবে, সেটা চিরদিনের জন্য বদলে দিল।

১৯৩০ সালে তিনি পদার্থবিজ্ঞানে নোবেল পুরস্কার পেলেন—এশিয়ার প্রথম বিজ্ঞানী হিসেবে। কারণ তিনি সবচেয়ে গুরুত্বপূর্ণ জিনিসটার ওপরই মন রেখেছিলেন।

রমন সব কিছু একসাথে করতে চাননি। তিনি বেছে নিয়েছিলেন—কোনটা সবচেয়ে মূল্যবান—আর সেখানেই নিজের সেরা চেষ্টা দিয়েছিলেন।

তাই পরের বার তুমি ভাববে, "আমি আগে কী করব?"—মনে রেখো—

- কার্টুন দেখার আগে হোমওয়ার্ক শেষ করো।
- বড় অনুষ্ঠান/খেলার আগে তোমার দক্ষতা চর্চা করো।
- স্বপ্নের পেছনে যাও—একটা একটা *ফোকাসড ধাপ দিয়ে*।

কারণ যখন তুমি আগে গুরুত্বপূর্ণ জিনিসকে আগে রাখো, তখন তোমার আলোও ঝলমল করবে—রমনের আলোর মতোই।

জর্জ ওয়াশিংটন কারভার: যে বিজ্ঞানী নিজের আলো ভাগ করে দিয়েছিল

অনেক বছর আগে ছিল এক ছেলে—নাম জর্জ—যে গাছপালা ভালোবাসত সব কিছুর চেয়ে বেশি। সে ফুলের সঙ্গে কথা বলত, পাতার গায়ে চোখ বুলিয়ে পড়াশোনা করত, আর স্বপ্ন দেখত—পৃথিবীকে আরও সবুজ, আরও ভালো করে তুলবে।

সেই ছেলেটাই বড় হয়ে হলো জর্জ ওয়াশিংটন কারভার—বিজ্ঞানী, শিক্ষক, আর উদ্ভাবক—যিনি বিশ্বাস করতেন, আমরা যখন অন্যদের সাহায্য করি, তখন আমরা সবাই একসঙ্গে বড় হই।

ইলাস্ট্রেশন 18: *জর্জ ওয়াশিংটন কারভার পড়াচ্ছেন*

জর্জ জন্মেছিল দাসত্বের ভেতরে—কিন্তু সে সেটা তাকে থামাতে দেয়নি। সে কঠোর পরিশ্রম করে গাছপালা আর বিজ্ঞান সম্পর্কে যা যা শেখা যায় সব শিখেছিল। তার বিশ্বাস ছিল—জ্ঞান হলো একটা উপহার, যা ভাগ করে দেওয়ার জন্যই।

তিনি চিনাবাদাম নিয়ে এমন সব কাজ করেছেন—যা শুনলে মাথা ঘুরে যায়! তিনি চিনাবাদামের ৩০০-এরও বেশি ব্যবহার বের করেছিলেন—শুধু পিনাট বাটার নয়, এমনকি রং, আঠা, আর রাবার-এর মতো জিনিস বানাতেও! কিন্তু তিনি তাঁর বেশিরভাগ আবিষ্কারের পেটেন্ট করেননি। কেন? কারণ তিনি চেয়েছিলেন—সবাই যেন এগুলো থেকে উপকার পায়।

দক্ষিণ আমেরিকার অনেক কৃষক তখন খুব কষ্টে ছিল। তারা শুধু তুলা চাষ করত বলে মাটির শক্তি ফুরিয়ে যাচ্ছিল—মাটি "ক্লান্ত" হয়ে পড়েছিল। জর্জ তাদের শিখিয়েছিলেন—চিনাবাদাম আর মিষ্টি আলু লাগাতে, যা মাটিকে আবার শক্তিশালী হতে সাহায্য করত, আর কৃষকদের বিক্রি করার মতো নতুন ফসলও দিত।

তিনি একটা চলমান শ্রেণিকক্ষ বানিয়েছিলেন—নাম "জেসাপ ওয়াগন"—যাতে শিক্ষা কৃষকদের কাছে সরাসরি পৌঁছে যায়। জর্জ বিশ্বাস করতেন—কৃষকরা সফল হলে, পুরো সমাজটাই ভালো থাকে, ফুলে-ফেঁপে ওঠে।

জর্জ একবার বলেছিলেন,

> "মানুষ কী পোশাক পরে, কী গাড়ি চালায়, বা ব্যাংকে কত টাকা আছে, এসব দিয়ে মানুষকে মাপা যায় না। এগুলোর তেমন মূল্য নেই। সত্যিকারের সফলতা মাপা হয় একটাই জিনিসে, সে কতটা সেবা করেছে।"

তিনি দেখিয়েছিলেন—সত্যিকারের সফলতা আসে, যখন তুমি অন্যদের সফল হতে সাহায্য করো।

- **জ্ঞান ভাগ করে নাও**: অন্যকে শেখাতে সাহায্য করলে সবাই আরও বুদ্ধিমান হয়।
- **অন্যদের কথাও ভাবো**: তোমার সিদ্ধান্ত আশেপাশের মানুষকে কীভাবে প্রভাবিত করে—সেটাও দেখো।
- **একসঙ্গে বড় হও**: ভাগ করে নেওয়া সফলতাই সবচেয়ে মিষ্টি।

তাই জর্জের মতো হও। দয়ার বীজ বোনো, জ্ঞানের জল দাও—আর দেখো, ভালোর একটা বাগান কীভাবে বেড়ে ওঠে!

বারবারা ম্যাকক্লিনটক: ভুট্টার ফিসফিস-শোনা বিজ্ঞানী

বেশিরভাগ বিজ্ঞানী মাইক্রোস্কোপ ব্যবহার করেন। কেউ কেউ নোটবই। কিন্তু বারবারা ম্যাকক্লিনটক ব্যবহার করতেন আরেকটা

"অতিরিক্ত যন্ত্র"—ঢের ধৈর্য। তিনি শুধু গাছপালা দেখতেন না—তিনি যেন তাদের শুনতেন। আর গাছপালা তাকে যা "বলেছিল"? সেটা বদলে দিয়েছিল জিন সম্পর্কে আমাদের জানা প্রায় সবকিছু!

ইলাস্ট্রেশন 19: বারবারা ম্যাকক্লিনটক ভুট্টা পরীক্ষা করছেন

বারবারার জন্ম ১৯০২ সালে, আর ছোটবেলা থেকেই তিনি ধাঁধা-সমস্যা ভালোবাসতেন। পুতুল বা ফ্রক-ট্রকে তাঁর খুব আগ্রহ ছিল না। তিনি বরং জিনিসপত্র খুলে দেখতেন—ভেতরে কী আছে, কীভাবে কাজ করে!

বড় হয়ে তিনি বিজ্ঞান পড়লেন—যখন অনেকেই ভাবত, মেয়েদের নাকি বিজ্ঞান পড়া উচিত নয়। কিন্তু বারবারা সে কথায় কান দেননি। তিনি নিজের কৌতূহলকে সোজা নিয়ে গেলেন মাঠে... মানে, ভুট্টার খেতে।

বারবারা বছরের পর বছর ভুট্টা নিয়ে পড়াশোনা করেছেন। শুধু ভুট্টা কীভাবে বড় হয় তাই নয়—ভুট্টার জিনগুলো কীভাবে কাজ করে সেটাও। তুমি ভুট্টার দানার গায়ে যে ছোট ছোট রঙিন দাগ দেখো—সেগুলো শুধু সুন্দর নয়, সেগুলো ছিল ইঙ্গিত। এক গাছ থেকে আরেক গাছে তথ্য কীভাবে যায়—তার ইঙ্গিত।

মাইক্রোস্কোপ দিয়ে ভুট্টার কোষের ভেতর গভীরভাবে তাকিয়ে বারবারা দেখলেন একটা অদ্ভুত ব্যাপার... জিনগুলো নড়ছে! তারা এক জায়গা থেকে আরেক জায়গায় লাফিয়ে যাচ্ছে। আগে কেউ কখনও এমন দেখেনি।

বারবারা যখন অন্য বিজ্ঞানীদের বললেন, তারা বলল, "জিন আবার লাফায় নাকি! এটা তো যুক্তি নেই!"

কিন্তু বারবারা রাগ করেননি। চেঁচামেচি করেননি। তর্ক করে আওয়াজ বড় করেননি। তিনি শুধু—আরও মন দিয়ে—নিজের ভুট্টাকে, নিজের ডেটাকে, আর সত্যকে শুনতে থাকলেন।

তার লক্ষ্য ছিল—তাড়াতাড়ি সবাইকে সন্তুষ্ট করা নয়, বরং ঠিকটা বোঝা। আর সময়ের সাথে সাথে পৃথিবীও বুঝতে পারল।

অনেক বছর পরে বিজ্ঞানীরা বুঝলেন—বারবারা শুরু থেকেই ঠিক ছিলেন। তাঁর "লাফানো জিন" আবিষ্কার (যাদের বলা হয় ট্রান্সপোজন) বুঝিয়ে দিল—জিন কীভাবে বদলাতে পারে, মানিয়ে নিতে পারে, আর

নতুনভাবে কাজ করতে পারে। অবশেষে ১৯৮৩ সালে তিনি পেলেন ফিজিওলজি বা মেডিসিনে নোবেল পুরস্কার!

বারবারা তাড়াহুড়ো করেননি। শোনার জন্য চিৎকার করেননি। তিনি মন দিয়ে শুনেছেন—আর প্রকৃতিকেই পথ দেখাতে দিয়েছেন।

তাই পরের বার তুমি কৌতূহলী হলে মনে রেখো—

- *ভালো করে দেখো।*
- *প্রশ্ন করো।*
- *আগে শোনো—তারপর বলো।*

কারণ অনেক সময়, সবচেয়ে ধৈর্যশীল চিন্তকরাই সবচেয়ে বড় আবিষ্কার করে ফেলেন।

আলবার্ট শ্‌ভাইৎজার: যে মানুষটা সবকিছুর খেয়াল রাখত (নিজেকেও!)

ফ্রান্সের ছোট একটা শহর—কাইসার্সবের্গ—সেখানেই এক শিশু জন্মেছিল, যে বড় হয়ে পৃথিবীকে আর নিজেকেও দারুণভাবে সাহায্য করবে। তার নাম? আলবার্ট শ্‌ভাইৎজার (উচ্চারণটা এমন: শ্‌ভাইৎ-জার!)।

ইলাস্ট্রেশন 20: আলবার্ট শ্‌ভাইৎজার কারও ক্ষত বেঁধে দিচ্ছেন

আলবার্ট ছিল ভীষণ কৌতূহলী—তার মাথা যেন স্পঞ্জের মতো, যা কিছু দেখত-শুনত সব শুষে নিত! সে এমন সব প্রশ্ন করত, "আমরা কেন বাঁচি?" "আমি মানুষকে কীভাবে সাহায্য করতে পারি?" সে বই পড়ত, সঙ্গীত শিখত, আর বিশাল পাইপ অর্গান এমন সুন্দর করে বাজাতে শিখেছিল যে পাখিরা শুনলে মনে হয় গাছে গাছে নাচ শুরু করে দিত!

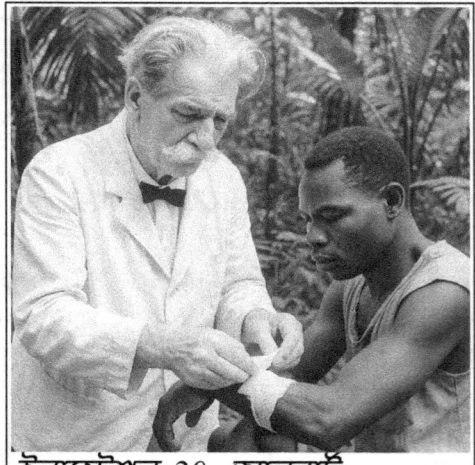

পড়াশোনা তার এতই ভালো লাগত যে সে একটাও না—দুটোও না—তিনটা কলেজ ডিগ্রি অর্জন করল: দর্শন, সঙ্গীত, আর ধর্মতত্ত্বে (মানে ঈশ্বর আর আধ্যাত্মিক বিষয়ের পড়াশোনা)। তারপর ৩০ বছর বয়সে সে একেবারে "ওয়াও!" ধাঁচের কাজ করল—আবার স্কুলে ফিরে গিয়ে ডাক্তারি পড়া শুরু করল! সে বলেছিল, "আমি যদি পৃথিবীকে সাহায্য

করতে চাই, তাহলে মানুষকে সুস্থ করার বিদ্যাও শিখতে হবে।” তাই সে মেডিসিন পড়ে নিজের মস্তিষ্ককে আরও প্রশিক্ষণ দিল।

আফ্রিকায় ডাক্তার হওয়া মোটেও সহজ ছিল না। আলবার্ট জঙ্গলের মধ্যে একটা হাসপাতাল বানিয়েছিল, যেখানে সে হাজার হাজার মানুষকে সাহায্য করত। সে পানি বয়ে আনত, কাঠ কাটত, আর সারাদিন রোগীদের চিকিৎসা করত। কিন্তু সে নিজের দিকেও খেয়াল রাখত—পুষ্টিকর খাবার খেত, সুযোগ পেলেই বিশ্রাম নিত, আর সারাদিন অসুস্থদের বিছানার পাশে ঝুঁকে কাজ করার পর পিঠটা টানটান করে স্ট্রেচিং করত। তার বিশ্বাস ছিল, নিজের শরীরের যত্ন নিলে সে অন্যদের আরও ভালোভাবে যত্ন নিতে পারবে।

আলবার্ট একটা ধারণার কথা বলত—“*জীবনের প্রতি শ্রদ্ধা*”। মানে সব জীবিত প্রাণীর জন্য যত্ন: মানুষ, প্রাণী, এমনকি ছোট্ট পোকামাকড়ও! কেউ কোথা থেকে এসেছে, কত গরিব—এসব না দেখে সে সবার সঙ্গে দয়া করে কথা বলত। তার মনটা ছিল জঙ্গলের মতোই বিশাল।

শান্তি পাওয়ার জন্য আলবার্ট অর্গানও বাজাত। যখন চাপ বেড়ে যেত (আর সেটা তো হতোই!), সে বাখ-এর সঙ্গীত বাজাত, আর মনে করত সুরগুলো তার মনকে উঁচুতে তুলে নিয়ে যাচ্ছে। সে প্রার্থনা করত, আর দয়া ও শান্তি নিয়ে বই লিখত। তার বিশ্বাস ছিল—অন্যদের সাহায্য করাই ভেতরের আনন্দ খোঁজার সেরা পথ।

তাহলে ড. আলবার্ট শ্ভাইৎজারের কাছ থেকে আমরা কী শিখি? পৃথিবীকে সাহায্য করার সবচেয়ে ভালো *শুরুটা হলো নিজেকে দিয়ে*। পড়ে-শিখে তোমার মনকে যত্ন করো, চলাফেরা আর বিশ্রামে তোমার শরীরকে যত্ন করো, দয়ায় তোমার হৃদয়কে যত্ন করো, আর শান্তিতে তোমার আত্মাকে জুড়ে রাখো।

তারপর—আলবার্টের মতো—তুমিও “তোমার সবটুকু” নিয়ে পৃথিবী বদলাতে তৈরি থাকবে!

লিওনার্দো দা ভিঞ্চি: যে বিজ্ঞানী স্বপ্ন আঁকতে আঁকতে ডুডল করত

ইতালির ভিঞ্চি নামে ছোট্ট এক শহরে এক ছেলের জন্ম হলো—যে ছেলেটা আঁকা, বানানো, ভাবা, আর “আহা, এটা কেন?” বলা—কিছুই থামাতে পারত না। তার নাম ছিল লিওনার্দো—আর বাহ! তার মগজটা যেন সব সময় “অন”!

বেশিরভাগ মানুষ লিওনার্দো দা ভিঞ্চিকে চেনে মোনা লিসা-র সেই রহস্যময় হাসির ছবির জন্য, বা দ্য লাস্ট সাপার—যেখানে বারোজন অতিথি খাবার টেবিলে চমকে আছে—ওই ছবির জন্য। কিন্তু জানো কি, সে ছিল একেবারে ঝড়ের মতো সৃজনশীল মনের বিজ্ঞানীও? সে শুধু "বাক্সের বাইরে চিন্তা" করত না। সে বরং আরও ভালো একটা বাক্স আঁকত, সেটাকে হেলিকপ্টার বানিয়ে ফেলত, আর কল্পনা করত—"এটা উড়িয়ে চাঁদেও চলে যাই!"

ইলাস্ট্রেশন 21: লিওনার্দো দা ভিঞ্চি আর তার হেলিকপ্টার

লিওনার্দো কোনো ঝকঝকে স্কুলে পড়ে বড় বিজ্ঞানী হয়নি, আর ল্যাবে বসেও শেখেনি। সে শিখত চোখ মেলে দেখে—পাখি, ফুল, নদী, এমনকি পিচ্ছিল নড়াচড়া করা কেঁচোও! সে একের পর এক নোটবুক ভরে ফেলত পেশি, যন্ত্র, হাড়, বুদবুদ, আর বাদুড়ের স্কেচে। জল কীভাবে বয়ে যায়, মানুষ কীভাবে হাঁটে—সবকিছুই সে খুঁটিয়ে দেখত। সে সবকিছু জানতে চাইত!

সে প্রশ্ন করত—

পাখি কীভাবে ডানা ঝাপটায়?

আমি কি এমন একটা যন্ত্র বানাতে পারি, যা উড়বে?

মানুষের শরীরের ভেতরে কী আছে?

লিওনার্দো এমন সব যন্ত্রের স্বপ্ন দেখেছিল, যেগুলো তখনও একদমই ছিল না—

- একটা হেলিকপ্টার, যা দেখতে ছিল উড়ন্ত একটা স্ক্রু-র মতো
- একটা প্যারাশুট, যার আকার পিরামিড-এর মতো
- একটা রোবট নাইট, যে বসতে পারত আর হাত নাড়তে পারত
- পানির নিচে ঘোরার জন্য একটা ডাইভিং স্যুট

সবগুলো কি কাজ করত? সব সময় না! কিন্তু লিওনার্দো তাতে মোটেও দুঃখ পেত না। তার বিশ্বাস ছিল—কল্পনা করাই আবিষ্কারের প্রথম ধাপ। আর তার আইডিয়াগুলো পরের শত শত বছর বিজ্ঞানীদের ভাবনা জ্বালিয়ে রেখেছিল।

লিওনার্দো সবকিছু নিয়ে কৌতূহলী ছিল। সে পড়াশোনা করত—

- অ্যানাটমি (শরীরতত্ত্ব): ত্বকের নিচে পেশিগুলো দেখতে কেমন, সেটা এঁকে
- জ্যোতির্বিজ্ঞান: চাঁদের আলোঝলমল আভা স্কেচ করে
- ইঞ্জিনিয়ারিং: সেতু আর জল তোলার পাম্প ডিজাইন করে
- উদ্ভিদবিদ্যা: পাতাগুলো কীভাবে ঘুরে-ঘুরে সর্পিলভাবে বাড়ে, সেটা দেখে

সে এমনকি তার নোট আয়নায় দেখলে পড়া যায়—এভাবে উল্টো করে লিখত! (কেউ বলে আইডিয়া গোপন করার জন্য, কেউ বলে—সে চ্যালেঞ্জটা মজা করে নিত।)

লিওনার্দো দা ভিঞ্চি আমাদের দেখায়—বিজ্ঞান মানে শুধু নিয়ম নয়। বিজ্ঞান মানে কল্পনাও। সে ভুল হতে ভয় পেত না, বড় স্বপ্ন দেখতে ভয় পেত না, আর শিল্প আর বিজ্ঞানকে একসাথে মেশাতে ভয় পেত না—যেমন রঙ মেশে প্যালেটে।

তাই তুমি যদি কখনও ব্লক দিয়ে টাওয়ার বানিয়ে থাকো, রকেটশিপ এঁকে থাকো, বা ভাবো—"যদি এমন হতো...?"—তাহলে অভিনন্দন! তুমি লিওনার্দোর মতোই ভাবছ।

আর কে জানে—একদিন তুমি এমন কিছু ডুডল করবে, যা সত্যিই পৃথিবী বদলে দেবে।

ফ্লোরেন্স নাইটিঙ্গেল: যে নার্স সবকিছুই খেয়াল করত

একটা মোমবাতির আলো-জ্বলা সময়ে—১৮২০ সালে—ফ্লোরেন্স নাইটিঙ্গেল নামে এক মেয়ের জন্ম হয়েছিল ইতালির ফ্লোরেন্স শহরে (তাই তার নাম ফ্লোরেন্স!). তারপর সে বড় হয় ইংল্যান্ডে—মনে ভরা কৌতূহল, আর হৃদয় ভরা দয়া নিয়ে। কিন্তু তার একটা একেবারে আলাদা "সুপারপাওয়ার" ছিল: সে জিনিস খেয়াল করত। ছোট ছোট ব্যাপার। জরুরি ব্যাপার। এমন সব ব্যাপার, যা অন্য কেউ দেখতই না।

ইলাস্ট্রেশন 22: ফ্লোরেন্স নাইটিঙ্গেল পাই চার্ট হাতে

ফ্লোরেন্সের চোখ ছিল বিজ্ঞানীর, আর মন ছিল

সুপারহিরোর। অন্যরা শুধু চারপাশ দেখে চলে যেত—সে কিন্তু পর্যবেক্ষণ করত। আর সেটাই সব বদলে দিত।

ছোটবেলা থেকেই ফ্লোরেন্স সবকিছু খুব মন দিয়ে দেখত: গাছ কীভাবে বাড়ে, প্রাণীরা কীভাবে আচরণ করে, মানুষ কেমন অনুভব করে। সে এমন প্রশ্ন করত—

কেন এমন হয়?

এর মধ্যে কোনো প্যাটার্ন আছে?

এটা কীভাবে আরও ভালো করা যায়?

তার পরিবার চাইত সে পার্টিতে যাক, ঝলমলে জামা পরুক। কিন্তু ফ্লোরেন্স চাইত অন্য কিছু। সে চাইত মানুষকে সাহায্য করতে—আর নিজের পর্যবেক্ষণ-শক্তি দিয়ে জীবন বাঁচাতে।

তারপর শুরু হলো ক্রিমিয়ার যুদ্ধ। ফ্লোরেন্স নার্স হলো, আহত সৈনিকদের সাহায্য করতে চলে গেল। কিন্তু হাসপাতালে পৌঁছে সে এমন কিছু দেখল, যা সত্যিই ভয়ংকর—

- মেঝে ভীষণ নোংরা।
- বিছানায় গাদাগাদি।
- পানিটা ময়লা।
- আর সবচেয়ে খারাপ কী? যুদ্ধের আঘাতে নয়—অসুখে বেশি সৈনিক মারা যাচ্ছে!

বেশিরভাগ মানুষ বুঝতে পারছিল না কেন। কিন্তু ফ্লোরেন্স দেখল। গুনল। শুনল। মাপল। খুঁটিয়ে পর্যবেক্ষণ করল।

আর সে কী আবিষ্কার করল? নোংরা হাত, নোংরা যন্ত্রপাতি, আর নোংরা হাসপাতাল—এই খারাপ স্বাস্থ্যবিধি (হাইজিন) সবাইকে আরও অসুস্থ করে তুলছিল!

ফ্লোরেন্স শুধু আন্দাজ করেনি—সে ডেটা জোগাড় করল, আর চার্ট বানাল। এমনকি ঝকঝকে পাই চার্টও বানিয়েছিল, যা দেখতে ফুলের মতো রঙিন! ওই রঙিন ডায়াগ্রামগুলো ব্রিটিশ সরকারকে একদম পরিষ্কার করে দেখিয়ে দিল: কোথায় ভুল হচ্ছে।

সে বলেছিল, "দেখুন! হাসপাতাল পরিষ্কার থাকলে জীবন বাঁচে!" আর জানো কী? মানুষ সত্যিই শুনেছিল। ইংল্যান্ড জুড়ে—আর তার বাইরেও—হাসপাতালগুলো ধীরে ধীরে আরও পরিষ্কার, আরও নিরাপদ হয়ে উঠল, শুধু এক নারী যা অন্যরা উপেক্ষা করেছিল তা খেয়াল করেছিল বলে।

রাতে ফ্লোরেন্স হাতে একটা লণ্ঠন নিয়ে করিডোরে হাঁটত, প্রতিটা রোগীকে দেখে আসত। সৈনিকরা তাকে ডাকত "লেডি উইথ দ্য

ল্যাম্প"। কিন্তু সে শুধু ল্যাম্প-লেডি ছিল না। সে ছিল সেই নারী, যে দেখেছে, লিখেছে, আর একটা একটা যত্নের নোট দিয়ে দুনিয়া বদলেছে।

মন দিয়ে খেয়াল করা—মানে সত্যিকারের "দেখা"—একটা সুপারপাওয়ার। এর জন্য ল্যাব কোট বা মাইক্রোস্কোপ লাগে না। শুধু কৌতূহলী থাকো, চোখ-কান খোলা রাখো, আর ভাবা থামিও না। কারণ কে জানে? পরের বড় আবিষ্কারটা তোমার থেকেই আসতে পারে—যদি তুমি একটু সময় নিয়ে... খেয়াল করো।

কার্ল সেগান: তারাদের দিকে তাকিয়ে যে ছেলেটা বুদ্ধিদীপ্ত প্রশ্ন করত

ইলাস্ট্রেশন 23: কার্ল সেগান বুদ্ধিদীপ্ত প্রশ্ন ভাবছে

ঝিকিমিকি এক রাতে, তারাভরা আকাশের নিচে কার্ল সেগান নামে এক ছেলে আকাশের দিকে তাকিয়ে ভাবল—

"ওই আলোগুলো আসলে কী?"

"পৃথিবীর মতো আর কোনো গ্রহ আছে?"

"কেউ কি ওখানে আছে—যে হাত নেড়ে 'হাই!' বলছে?"

কার্ল শুধু স্বপ্ন দেখত না—সে ভাবত। কার্ল শুধু বিশ্বাস করত না—সে প্রশ্ন করত। কার্ল শুধু আন্দাজ করত না—সে *সমালোচনামূলক চিন্তা* ব্যবহার করে মহাবিশ্বের সবচেয়ে বড় রহস্যগুলোকে খুঁজে দেখত!

কার্লের জন্ম ১৯৩৪ সালে, নিউ ইয়র্কের ব্রুকলিনে। তার খুব পছন্দ ছিল কমিক বই, ডাইনোসর, আর সায়েন্স ফিকশন। কিন্তু ছোটবেলাতেই সে এমন "চালাক-চতুর" প্রশ্ন করত—

"আমরা কীভাবে জানি যে ভিনগ্রহী আছে?"

"তারারা কি মারা যেতে পারে?"

"প্রমাণ ছাড়া মানুষ কেন অদ্ভুত কথা বিশ্বাস করে?"

কার্ল কোনো কিছু শুধু "লোকজন বলেছে" বলে বিশ্বাস করত না। সে বিশ্বাস করত প্রমাণে। প্রতিটা উত্তরের পেছনে সে চাইত আসল

কারণ। এটাকেই বলে সমালোচনামূলক চিন্তা—থামা, ভাবা, তথ্য যাচাই করা, তারপর সিদ্ধান্ত নেওয়া—একটা দারুণ সুপারপাওয়ার!

কার্ল বড় হতে হতে তার প্রশ্নগুলো আরও বিশাল হলো। সে হল এক বিজ্ঞানী, যে মহাবিশ্ব নিয়ে পড়াশোনা করে। সে গ্রহগুলো ঘুরে দেখতে মহাকাশযান পাঠানোর কাজে সাহায্য করেছে। এমনকি ভয়েজার মহাকাশযানে সে একটা সোনালি রেকর্ডও পাঠিয়েছিল—পৃথিবী থেকে একটা বার্তা, যদি কোনো ভিনগ্রহী সেটা খুঁজে পায়!

কিন্তু কার্ল শুধু মহাকাশ পড়াশোনা করেনি—সে মহাকাশকে এমনভাবে সবাইকে বুঝিয়েছিল যে মানুষ বলে উঠত, "ওয়াও!", "আহা!", "আমি তো এভাবে ভাবিইনি!"

তার টিভি শো (*Cosmos*) লাখ লাখ মানুষকে নিয়ে গিয়েছিল গ্যালাক্সি, ব্ল্যাক হোল, আর পরমাণুর ভেতরে—সবকিছুই ছিল যত্ন করে ভাবার শক্তিতে চালিত।

"বালোনি ডিটেক্টর" কিট[1]

কার্ল বিশ্বাস করত, সত্যি যাচাই না করে আমরা যেন হাস্যকর আইডিয়ায় না ভেসে যাই। তাই সে কিছু "টুল"-এর একটা তালিকা বানিয়েছিল—নাম (Baloney Detector Kit)। এটা কোনো আসল মেশিন ছিল না (দুঃখিত—কোনো বাজ়বাজ় শব্দ বা জ্বলে-ওঠা বাক্স নেই!), কিন্তু এটা ছিল বাজে যুক্তি ধরার একটা দারুণ পদ্ধতি।

- **প্রমাণ চাই**: শুধু মজার শোনায় বলে বিশ্বাস করো না। জিজ্ঞেস করো, "প্রমাণ কোথায়?"
- **বারবার একই ফল হয় কি না দেখো**: সত্যি হলে একইভাবে বারবার কাজ করার কথা। "আর কেউ করলে কি একই ফল পাবে?"
- **সূত্র যাচাই করো**: কে বলছে? তারা বিশ্বাসযোগ্য? নাকি শুধু আন্দাজ করছে?
- **যুক্তি দিয়ে ভাবো**: দুটো ঘটনা একসাথে ঘটল মানেই যে একটাই আরেকটার কারণ—এটা ঠিক নয়। (গরমে আইসক্রিম বিক্রি বাড়ে, সানবার্নও বাড়ে—কিন্তু আইসক্রিম তো সানবার্ন ঘটায় না!)
- **দুই দিকই শোনো**: পক্ষে-বিপক্ষে মানুষ কী বলছে, দুটোই শুনে দেখো।

---

1 Carl Sagan, The Demon-Haunted Word: Science as a Candle in the Dark, ISBN 978-0345409461.

- **চকচকে ট্রিক থেকে সাবধান:** অতিরিক্ত আবেগী শব্দ, ঝলমলে বিভ্রান্তি, বা "সবাই জানে!"—এগুলো প্রমাণ নয়।
- **"জাদু-ভেবে ফেলা" থেকে সাবধান:** রহস্য আছে মানেই জাদু—এটা নয়। হয়তো আমরা এখনো ব্যাখ্যাটা জানি না।

কার্ল সেগান আমাদের মনে করিয়ে দিয়েছিল—মহাবিশ্ব বিশাল, সুন্দর, আর জানা সম্ভব... কিন্তু শর্ত একটাই: ভালো প্রশ্ন করতে হবে, আর সত্যি উত্তর খুঁজতে হবে।

সে একবার বলেছিল—

"অসাধারণ দাবি করতে হলে অসাধারণ প্রমাণ দরকার!"

মানে, বড় বড় কথা বললে— *তার জন্য বড় প্রমাণ লাগবে!*

কার্ল আমাদের শেখায়—আশ্চর্য হওয়া দারুণ, আর পরিষ্কারভাবে ভাবতে পারা আরও দারুণ। বিজ্ঞান মানে শুধু টেলিস্কোপ আর রকেট নয়। বিজ্ঞান মানে "কেন?" জিজ্ঞেস করা। আর কৌতূহলী হৃদয় আর তীক্ষ্ণ মস্তিষ্ক নিয়ে তুমি তারাদের দিকে হাত বাড়াতে পারো... আর হয়তো একদিন ছুঁয়েও ফেলতে পারো।

গ্যালিলিও গ্যালিলেই: আকাশ-দেখা যে মানুষটা নিজের মনটা খুলে দিয়েছিল

অনেক অনেক আগে, পিজ্জা-পাস্তা আর দারুণ সব আইডিয়ার দেশে (মানে ইতালিতে!), ১৫৬৪ সালে গ্যালিলিও গ্যালিলেই নামে এক ছেলের জন্ম হয়। ছোটবেলা থেকেই সে ছিল অসম্ভব কৌতূহলী। সে সবসময় খোঁচাখুঁচি করত, পরীক্ষা করত, আর এমন প্রশ্ন করত—

জিনিসপত্র নিচের দিকে পড়ে কেন?

আকাশে সত্যি সত্যি কী আছে?

যদি... সবাই ভুল হয়?

গ্যালিলিও অদ্ভুত উত্তর পেতেও ভয় পেত না। বরং সে গর্ব করে বলত,

ইলাস্ট্রেশন 24: গ্যালিলিও গ্যালিলেই আর তার টেলিস্কোপ

"চলো, খোলা মন নিয়ে আবার দেখি!"

একদিন গ্যালিলিও নেদারল্যান্ডস থেকে আসা নতুন এক যন্ত্রের কথা শুনল—একটা স্পাইগ্লাস, যেটা দূরের জিনিসকে কাছের মতো দেখায়। গ্যালিলিও শুধু বলেই থামেনি, "বাহ, কী কুল খেলনা!" না না! সে নিজের টেলিস্কোপ বানাল, আকাশের দিকে তাক করল, আর এমন কিছু দেখল—যা মাথা ঘুরিয়ে দেওয়ার মতো!

সে দেখল—

- চাঁদে পাহাড়! (থামো... চাঁদ কি তাহলে একদম মসৃণ নয়?)
- বৃহস্পতির চারপাশে ছোট ছোট চাঁদ ঘুরছে! (ওফ! সবকিছু তো পৃথিবীকে ঘিরে ঘোরে না!)
- শুক্রগ্রহের কলা/চাঁদের মতো ধাপ বদলানো রূপ (চাঁদের মতোই, কিন্তু আবার একটু আলাদা... হুম!)

এসব দেখা পুরোনো সেই ধারণার সঙ্গে একদমই মিলছিল না—যেখানে বলা হতো, পৃথিবীই নাকি সবকিছুর কেন্দ্র। কিন্তু গ্যালিলিও ভয় পায়নি, "আহা, ভুল হয়ে গেছে" বলে চোখ ফিরিয়েও নেয়নি। সে বলল—

"হয়তো আমাদের নতুনভাবে ভাবতে হবে। হয়তো পৃথিবী সূর্যকে ঘিরে ঘোরে!"

এ কথা বলার জন্য দরকার ছিল সাহস—আর একদম খোলা মন।

অনেক মানুষ রেগে গেল। "পৃথিবী নড়তে পারে না!" তারা চেঁচিয়ে উঠল। কিন্তু গ্যালিলিও রূঢ় ছিল না—সে ছিল কৌতূহলী। সে শুধু "আমি ঠিক!" প্রমাণ করতে তর্ক করতে চাইত না। সে চাইত—জিনিসপত্র আসলে কীভাবে কাজ করে, সেটা সত্যি সত্যি বুঝতে।

যখন শক্তিশালী লোকেরা তাকে থামাতে বলল, গ্যালিলিও তখনও তারাদের দিকে মনে মনে ফিসফিস করে বলল, "আমি শুনছি..."

তার বিশ্বাস ছিল, বিজ্ঞান মানে—নতুন প্রমাণ পেলে মত বদলাতে পারা। এটা দুর্বলতা নয়—এটা প্রজ্ঞা।

টেলিস্কোপে যা দেখেছিল, তা নিয়ে গ্যালিলিও খোলা মনের থাকায় সে বিজ্ঞান করার একেবারে নতুন পথ দেখিয়ে দিল—পর্যবেক্ষণ করা, চিন্তা করা, আর ভয় না পেয়ে প্রশ্ন করা।

একবার সে বলেছিল,

"সত্য আবিষ্কার হয়ে গেলে তা বোঝা সহজ। আসল কথা হলো সত্যকে আবিষ্কার করা।"

আর আবিষ্কার মানে—চমকের জন্য প্রস্তুত থাকা!

খোলা মন মানে সাহসী হওয়া। মানে—"আমি যা জানি" তার কিছুটা ছেড়ে দিয়ে, "যা সত্যি হতে পারে" তার জন্য জায়গা রাখা।

তাই পরের বার তুমি কিছু অদ্ভুত শুনলে, বা নতুন কিছু দেখলে—শুধু বলো না, "এটা অসম্ভব!" গ্যালিলিওর মতো হও। চোখ তোলো, মন খুলো... আর মহাবিশ্বকে তোমাকে দারুণ কিছু শেখাতে দাও।

গ্রেগর মেন্ডেল: ধৈর্যশীল মটর-চয়নকারী

অনেক দিন আগে, আজকের চেক প্রজাতন্ত্রের শান্ত এক কোণে, গ্রেগর মেন্ডেল নামে এক মানুষ থাকতেন। তিনি ল্যাব কোট পরতেন না, মহাকাশে উড়েও বেড়াতেন না। না না। তিনি পরতেন সন্ন্যাসীর পোশাক, আর কাজ করতেন বাগানে। কিন্তু এতে ভুল বোঝো না—গ্রেগর মেন্ডেল ছিলেন ইতিহাসের অন্যতম গুরুত্বপূর্ণ বিজ্ঞানী। আর জানো তার সুপারপাওয়ার কী ছিল?

ধৈর্য।

মেন্ডেল রকেট বা লেজার বানাননি। তিনি মটর লাগিয়েছেন। সবুজ মটর, কুঁচকানো মটর, গোল মটর, হলুদ মটর—মটর আর মটর আর মটর! অন্য কেউ হলে হয়তো বিরক্ত হয়ে যেত, কিন্তু মেন্ডেল একদম শান্ত। তিনি দেখতেন। অপেক্ষা করতেন। গুনতেন। তারপর আবারও কিছু মটর লাগাতেন।

তিনি এটা করেছিলেন পুরো আট বছর ধরে। মানে তোমার প্রায় পুরো জীবনের সমান সময়!

ইলাস্ট্রেশন 25: গ্রেগর মেন্ডেল ও তার মটরশুঁটি

তার কৌতূহল ছিল—কেন কিছু মটর গোল হয় আর কিছু কুঁচকানো, কেন কিছু হলুদ আর কিছু সবুজ। তাই তিনি খুব যত্ন করে গাছগুলোর পরাগায়ন করতেন—এক গাছের পরাগ আরেক গাছে দিয়ে—এবং দেখতেন পরের প্রজন্মে কী ঘটছে। তিনি চার্ট বানাতেন, নোট লিখতেন, আবার চার্ট বানাতেন। তিনি যেন একাই একটা "মটর গোয়েন্দা সংস্থা"!

আর তিনি কী আবিষ্কার করলেন?

বংশগতির নিয়ম! মানে—কোন বৈশিষ্ট্যগুলো বাবা-মা থেকে সন্তানদের কাছে যায়, বা মটর গাছ থেকে ছোট মটর গাছে কীভাবে পৌঁছায়। মেন্ডেল এমন কিছু প্যাটার্ন খুঁজে পেলেন, যা আগে কেউ খেয়ালই করেনি। তার কাজই ছিল আজ আমরা যেটাকে বলি জেনেটিক্স—তার প্রথম বড় ধাপ।

কিন্তু মজার কথা কী জানো? তিনি যখন তার ফলাফল ছাপালেন, তখন কেউ পাত্তা দেয়নি। একটাও "ইয়েই!" নেই। একটাও "ওয়াও মেন্ডেল, কী দারুণ!" নেই। তার আবিষ্কারটা ৩০ বছরেরও বেশি সময় চুপচাপ পড়ে রইল।

কিন্তু মেন্ডেল কি মুখ ফুলিয়েছিলেন? মটর গাছ পিষে রাগ ঝাড়লেন?

না! তিনি শুধু আগের মতোই ভদ্র, কৌতূহলী, আর ধৈর্যশীল থেকে গেলেন।

আর শেষে—দুনিয়া বুঝতে পারল। বিজ্ঞানীরা টের পেলেন, মেন্ডেল একটা বিশাল জিনিস আবিষ্কার করে গেছেন। আজ প্রতিটা বিজ্ঞান বইতেই মেন্ডেল আর তার দুর্দান্ত মটরগুলোর কথা লেখা থাকে।

তাই পরের বার তুমি কোনো ধাঁধায় আটকে গেলে, বা নিজের পালার জন্য অপেক্ষা করতে হলে—গ্রেগরের কথা ভাবো। এই ধৈর্যশীল মটর-চয়নকারী। যে সন্ন্যাসী বাগানে একগাদা রহস্য চাষ করেছিলেন। আর যে মানুষটা দেখিয়ে দিয়েছিল—কখনও কখনও সেরা আবিষ্কারগুলো ধীরে ধীরে বড় হয়।

রোজালিন্ড ফ্রাঙ্কলিন: ধাঁধা-সমাধানের সঙ্গী

লন্ডনের ঝলমলে, ব্যস্ত শহরে রোজালিন্ড ফ্রাঙ্কলিন নামে এক মেয়ের জন্ম হয়েছিল—যার ভীষণ পছন্দ ছিল ধাঁধা। জিগস পাজ়ল টাইপ ধাঁধা না (যদিও সেটাও হয়তো পছন্দ করত!), বরং পরমাণু, ছায়া আর আলোর দিয়ে বানানো ধাঁধা।

রোজালিন্ড মনোযোগ টানতে চেঁচামেচি করত না, পা ঠুকে "আমাকে দেখো!"ও বলত না। সে তার কাজকেই কথা বলতে দিত। সে পড়েছিল পদার্থবিজ্ঞান আর রসায়ন—পৃথিবীর ভেতর সবচেয়ে কঠিন বিষয়গুলোর মধ্যে দুটো। তারপর সে আবিষ্কার করল এক অদ্ভুত-দারুণ ব্যাপার: নামে বিশেষ এক ধরনের কৌশল (ভাবতে পারো, একরকম "সুপার ক্যামেরা") ব্যবহার করে অদৃশ্য জিনিস—যেমন অণু—এর "ছবি" তোলা যায়! এইভাবেই রোজালিন্ড সাহায্য করেছিল

বিজ্ঞানের সবচেয়ে বড় রহস্যগুলোর একটাকে বুঝতে: DNA দেখতে কেমন।

ইলাস্ট্রেশন 26: রোজালিন্ড ফ্রাঙ্কলিন ও তার টিম

DNA হলো প্রতিটি জীবের জন্য এক ধরনের গোপন রেসিপি। সবাই জানতে চাইছিল—এর আকারটা কী? রোজালিন্ড -এ একটি টিমের সঙ্গে কাজ করত। সে খুব যত্ন করে DNA-র ক্ষুদ্র সুতো-সদৃশ অংশের দিকে এক্স-রে ছুড়ত, আর এমন ধারালো, পরিষ্কার একটা ছবি তুলেছিল যে তার নামই হয়ে গেল "Photograph 51"। ওই ছবিটাই পরে DNA-র পাকানো-ঘুরানো গঠন—ডাবল হেলিক্স—বোঝার জন্য একেবারে চাবির মতো কাজ করেছিল!

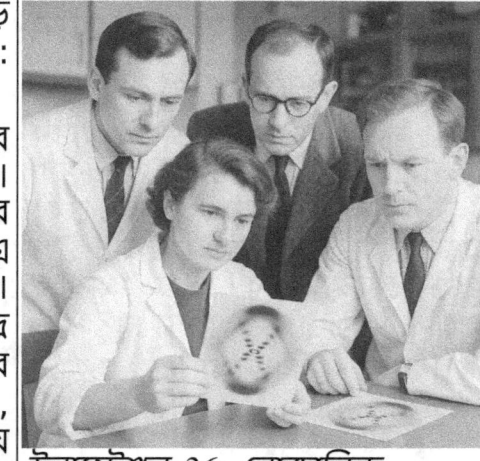

কিন্তু গল্পে একটা টুইস্ট আছে: টিমের সবাই সবসময় ভালোভাবে একসঙ্গে কাজ করতে পারেনি। কিছু বিজ্ঞানী—যেমন জেমস ওয়াটসন আর ফ্রান্সিস ক্রিক—রোজালিন্ডের সেই ছবিটা তার অনুমতি না নিয়েই ব্যবহার করেছিল। DNA-র মডেল বানিয়ে তারা খুব বিখ্যাত হয়ে গেল, কিন্তু ওই আবিষ্কার সম্ভব হওয়ার পেছনে রোজালিন্ডের সতর্ক, নিখুঁত কাজটা ছিল ভীষণ জরুরি। আর রোজালিন্ড কাজ থামায়নি—সে অন্য বিজ্ঞানীদের সঙ্গে সহযোগিতা করেছে, আইডিয়া শেয়ার করেছে, অন্যদের কথাও মন দিয়ে শুনেছে, আর একসঙ্গে বড় বড় উত্তর গড়ে তুলেছে।

এরপর সে ভাইরাস নিয়ে পড়াশোনা শুরু করল, আর অ্যারন ক্‌লুগ নামে আরেক বিজ্ঞানীর সঙ্গে টিম আপ করল। দুজন মিলে বোঝাল—ভাইরাসগুলো আসলে কীভাবে "গড়া"—ঠিক যেন অদৃশ্য দুর্গের নকশা বানানো গোয়েন্দা! রোজালিন্ড তার টিমকে নেতৃত্ব দিত দয়া, পরিষ্কার ভাবনা, আর যত্ন দিয়ে। সে দেখানোর জন্য কাজ করত না। সে বিশ্বাস করত একসঙ্গে কাজ করার শক্তিতে।

রোজালিন্ড ফ্রাঙ্কলিন হয়তো বেঁচে থাকতে নিজের নামের এত সম্মান আর পরিচিতি দেখে যেতে পারেনি। কিন্তু আজ সারা বিশ্বের বিজ্ঞানীরা তাকে সম্মান করেন—বিজ্ঞানের ধাঁধায় এক অসাধারণ সঙ্গী হিসেবে, যে দেখিয়েছিল: অনেক রহস্যের সমাধান একলা নয়—*একসাথেই হয়।*

রিচার্ড ফাইনম্যান: দুর্দান্ত ব্যাখ্যাকারী

বিজ্ঞান যদি একটা সার্কাস হতো, তাহলে রিচার্ড ফাইনম্যান হতো তার রিংমাস্টার—আইডিয়া উল্টেপাল্টে কসরত দেখাচ্ছে, মাঝেমধ্যে ঠাট্টা করছে, আর টপ হ্যাট থেকে বের করে আনছে মহাবিশ্বের গোপন রহস্য!

ইলাস্ট্রেশন 27: রিচার্ড ফাইনম্যান ব্যাখ্যা করছেন

রিচার্ড ফাইনম্যানের জন্ম ১৯১৮ সালে নিউ ইয়র্কে। ছোটবেলা থেকেই সে ছিল কৌতূহলে টইটম্বুর। ছেলে থাকতে সে রেডিও খুলে ফেলত—শুধু দেখতে, “ভিতরে কীভাবে কাজ করে?” (আর ভাগ্য ভালো, বেশিরভাগটাই আবার জোড়া লাগাতে পারত!) জিনিসপত্র বুঝে ফেলা তার খুব পছন্দ ছিল, আর সবচেয়ে বেশি পছন্দ ছিল—যা বুঝেছে সেটা অন্যকে বুঝিয়ে বলা।

বড় হয়ে রিচার্ড হল এক বিশ্ববিখ্যাত পদার্থবিজ্ঞানী। সে পরমাণুর শক্তি বোঝার কাজে সাহায্য করেছে, আর বিজ্ঞানের সবচেয়ে অদ্ভুত এক জগতে ঢুকে পড়েছে—কোয়ান্টাম মেকানিক্স! এটা হলো অতি-ক্ষুদ্র কণিকা আর তরঙ্গের জগৎ—যেখানে কোনো কিছু একসাথে দু'জায়গায় “থাকতে” পারে, বা চোখে দেখা যায় না এমনভাবে “ঘুরতে” পারে। শুনেই মাথা ঘুরছে? ফাইনম্যান বুঝিয়ে বললে কিন্তু ঘুরত না!

জটিল বিষয়কে সহজ করে বলার তার একটা “ম্যাজিক” ছিল। সে মজার গল্প বলত, তাত্ক্ষণিক আঁকিবুঁকি করত, আর এমনকি বংগো ড্রামও বাজাত (হ্যাঁ, সত্যি!)—শুধু মানুষকে বোঝাতে। সে একবার বলেছিল,

> *“কোনো বিষয় তুমি যদি সহজ করে বুঝিয়ে বলতে না পারো, তাহলে তুমি আসলে ঠিকমতো বুঝোনি!”*

তাই সে বিজ্ঞানকে সহজ বানাতে খুব খাটত। তবে “বোরিং সহজ” না—মজার সহজ!

তার বিখ্যাত-এ কলেজের ফিজিক্সকে সে বানিয়ে দিয়েছিল এক রোমাঞ্চকর অ্যাডভেঞ্চার। আর তার বই—যেমন “Surely You’re Joking, Mr. Feynman!”—মানুষকে একসাথে হাসিয়েছে আর

শিখিয়েছে। আর যখন একটা স্পেস শাটল বিস্ফোরিত হয়েছিল, তখন সে কারণ খুঁজে বের করতে সাহায্য করেছিল—এবং এমন পরিষ্কারভাবে ব্যাখ্যা করেছিল যে সবাই বুঝতে পেরেছিল কী ঘটেছিল।

রিচার্ড ফাইনম্যান শুধু বিজ্ঞানী ছিল না। সে ছিল শিক্ষক, যোগাযোগকারী, আর বিজ্ঞানের গল্পকার। তার বিশ্বাস ছিল—পৃথিবীটা বিস্ময়ে ভরা, আর সেই বিস্ময় সবার সঙ্গে ভাগ করে নেওয়া উচিত।

তাই পরের বার তুমি কিছু বুঝে ফেললে, সেটা শুধু নিজের কাছে রেখে দিও না—বোঝাও! হাত নাড়িয়ে, উদাহরণ দিয়ে, গল্প বলে—প্রয়োজনে ড্রাম বাজিয়েও! ফাইনম্যানের মতো হও: আইডিয়াগুলোকে শব্দের আতশবাজি বানিয়ে দাও—আর চারপাশের মগজগুলোকে আলোকিত করে দাও।

মাইকেল ফ্যারাডে: সত্যের ঝিলিক

ইলাস্ট্রেশন 28: মাইকেল ফ্যারাডে ও বিদ্যুৎ

মাইকেল ফ্যারাডে কোনো ল্যাব কোট পরতেন না। এমনকি কোনো ঝাঁ-চকচকে বড় স্কুলেও তিনি পড়েননি। কিন্তু তার যা ছিল—তা ছিল কৌতূহলে ভরা হৃদয়, আর এমন একটা মন, যে কখনও মিথ্যে বলত না।

১৭৯১ সালে লন্ডনে জন্ম, মাইকেল ছিলেন এক লোহার কামারের ছেলে। ছোটবেলাতেই তাকে স্কুল ছাড়তে হয়েছিল—পরিবারের জন্য টাকা রোজগারে সাহায্য করতে। কিন্তু তাতে সে থামেনি। সে যত বই পেত সব পড়ত—বিশেষ করে বিজ্ঞান নিয়ে বই। দিনে সে ছিল বই বাঁধাইয়ের কাজের ছেলে, রাতে একদম বুকওয়ার্ম, আর সব সময়—একটা স্বপ্নদ্রষ্টা।

তারপর একদিন, তরুণ মাইকেল সুযোগ পেল বিখ্যাত রসায়নবিদ হামফ্রি ডেভি-র একটি বিজ্ঞান বক্তৃতা শুনতে। সে পাতা-পাতা নোট নিল, আর সেগুলো ডেভির কাছে পাঠাল একটা চিঠির সঙ্গে—যার মানে মোটামুটি এমন: “হ্যালো! আমার বিজ্ঞান ভীষণ ভালো লাগে! আমি কি আপনার সঙ্গে কাজ করতে পারি?”

আর জানো কী হলো? ডেভি বললেন—হ্যাঁ!

মাইকেল ল্যাবে সহকারী হিসেবে কাজ শুরু করল, আর খুব তাড়াতাড়ি সে শুধু পরীক্ষায় সাহায্যই করছিল না—সে পরীক্ষার নেতৃত্ব দিচ্ছিল! সে আবিষ্কার করল বিদ্যুৎ আর চুম্বকত্ব একে অপরের সঙ্গে জড়িত—আর এই ধারণাই পরে ইলেকট্রিক মোটর বানানোর পথ খুলে দিল। সে বোঝাল কীভাবে রাসায়নিক শক্তিকে বিদ্যুৎ শক্তিতে বদলানো যায়। তার কাজ দুনিয়াকেই বদলে দিল।

কিন্তু যে জিনিসটা তাকে সত্যিই অসাধারণ করে তোলে, সেটা হলো—সে কখনও বানিয়ে কথা বলত না।

মাইকেলের বিশ্বাস ছিল, বিজ্ঞান মানে সত্য খুঁজে বের করা—সত্যটা তোমার পছন্দ মতো না হলেও। কোনো পরীক্ষা ফেল করলে সে ভান করত না যে সফল হয়েছে। উত্তর না জানলে সে ফাঁকা বুলি দিত না। সে একবার বলেছিল, "প্রকৃতির নিয়মের সঙ্গে যদি মিল থাকে, তাহলে সত্য হওয়ার জন্য কোনো কথা বেশি আশ্চর্যের নয়।" মানে—প্রকৃতি মিথ্যে বলে না, আর বিজ্ঞানীদেরও মিথ্যে বলা উচিত নয়।

সে খুব খুঁটিনাটি নোট রাখত, যা ঘটেছে ঠিক তাই লিখত, আর তার আবিষ্কার সবাইকে জানাত—লুকিয়ে রাখত না। সে তোমার মতো বাচ্চাদের জন্যও বক্তৃতা দিত—যেখানে থাকত ঝিলিক দেওয়া স্পার্ক, ঘুরন্ত কুণ্ডলী, আর আলো জ্বলে ওঠা জাদুর মতো দৃশ্য! কিন্তু সবকিছুর ভেতরে সবচেয়ে বেশি ছিল—সততা।

মাইকেল ফ্যারাডে দেখিয়ে দিয়েছিলেন, মহান বিজ্ঞানী হতে তোমাকে ধনী হতে হবে না, গুঁড়ো-সাদা উইগ পরতে হবে না, বা জটিল বড় বড় শব্দ ব্যবহার করতেই হবে না। তোমার দরকার শুধু কৌতূহল, সাহস, আর যেখানেই সত্য নিয়ে যায়—সেদিকেই হাঁটার সততা।

ইয়োহানেস কেপলার: গ্রহ-ধাঁধার সমাধানকারী

অনেক দিন আগে, দুর্গ আর ধূমকেতুর দেশে, ইয়োহানেস কেপলার নামে এক ছেলে থাকত। তারাদের দিকে তাকিয়ে থাকতে তার ভীষণ ভালো লাগত। তারার ঝিকিমিকি আলো তার মাথার ওপর নাচত—আকাশে ছোট ছোট রহস্যের মতো। কিন্তু ইয়োহানেস শুধু "ওয়াও!" বলে থেমে যেত না। সে জানতে চাইত—তারা কী করছে, আর কেন ঠিক ওইভাবেই নড়াচড়া করছে।

এখানেই কাজে লাগল *শৃঙ্খলা*।

কেপলার এমন বিজ্ঞানী ছিল না যে তাড়াতাড়ি আন্দাজ করে "চলো পরেরটা!" বলে চলে যায়। একদম না। সে ছিল এমন মানুষ, যে হাতা গুটিয়ে বসে পড়ত, বছরের পর বছর ডেস্কে বসে হাতে-কলমে অঙ্ক

করত! হাজার হাজার সংখ্যা—দিনের পর দিন। তার বন্ধুরা হয়তো ভাবত, আকাশ-ভাবনা করতে করতে তার স্যুপেও নাকি তারা ভেসে বেড়ায়!

তার বড় প্রশ্ন ছিল: "গ্রহগুলো কি একদম নিখুঁত বৃত্তে ঘোরে?" সবাই তখন তাই ভাবত, কিন্তু কেপলার শুধু "ভাবনা" দিয়ে সন্তুষ্ট ছিল না। তার দরকার ছিল প্রমাণ।

তাই সে আরেকজন তারামুখো পর্যবেক্ষক টাইকো ব্রাহে-র রেখে যাওয়া গ্রহ-পর্যবেক্ষণের নোট ব্যবহার করল। নোটগুলো ছিল বিশাল—একেবারে মাপজোকের ধনভাণ্ডারের মতো! কেপলার সেগুলোকে খুঁটিয়ে দেখল ঠিক যেন কোনো গোয়েন্দা, যার কেসের শেষ নেই। সে বারবার সংখ্যা মিলিয়ে দেখল, চিত্র আঁকল, ডায়াগ্রাম বানাল, ভুলও করল। কিন্তু হাল ছাড়েনি।

ইলাস্ট্রেশন 29: ইয়োহানেস কেপলার সৌরজগত আঁকছেন

বছরের পর বছর কঠিন পরিশ্রমের পর (আর সম্ভবত দু-একটা কালি-দোয়াত উল্টে যাওয়ার পর!), কেপলার একটা দারুণ আবিষ্কার করল: গ্রহগুলো নিখুঁত বৃত্তে ঘোরে না—তারা ঘোরে টানাটানা ডিম্বাকৃতি পথে, যাকে বলে উপবৃত্ত! শুনতে ছোট লাগতে পারে, কিন্তু আসলে এটা ছিল বিশাল ব্যাপার। এই আবিষ্কার বিজ্ঞানীদের সাহায্য করেছিল মাধ্যাকর্ষণ বুঝতে, রকেট বানাতে, আর এমনকি চাঁদে মানুষ পাঠাতে!

ইয়োহানেস কেপলার আমাদের শেখায়—বড় রহস্যের সমাধান শুধু বুদ্ধি দিয়ে হয় না। লাগে *শৃঙ্খলা*। শৃঙ্খলা মানে হলো সেই স্থির চেষ্টা, যেটা কঠিন হলেও থামে না।

তাই পরের বার তুমি কোনো তারা দেখলে মনে রেখো—কেপলারের মতো কেউ বছরের পর বছর খেটেছিল, সেটা বুঝতে। আর হয়তো, তুমি যদি ধৈর্য ধরে নিখুঁতভাবে কাজ করতে রাজি থাকো—তুমিও একদিন কোনো রহস্যের সমাধান করে ফেলবে।

নিকোলা টেসলা: যে মানুষটা ঝিলিকের ভেতর স্বপ্ন দেখত

ইলাস্ট্রেশন 30: নিকোলা টেসলা ভাবছে

১৮৫৬ সালের এক ঝড়ঝাপ্টা রাতে, আজকের ক্রোয়েশিয়ার এক ছোট্ট গ্রামে এক শিশুর জন্ম হলো। বিজলি চমকাল, বজ্র গর্জাল, আর ধাত্রীমা হাঁফ ছেড়ে বলে উঠল, "এই শিশুটি হবে আলোর সন্তান!" সেই শিশুটিই ছিল নিকোলা টেসলা—আর আহা, কথাটা যে কতটা সত্যি ছিল!

শুরু থেকেই নিকোলা দুনিয়াকে অন্যভাবে দেখত। অন্য বাচ্চারা খেলনা নিয়ে খেলত—সে বরং খেলনা বানিয়ে ফেলত। অন্যরা পাখি উড়তে দেখত—সে ভাবত, "আমি কীভাবে উড়তে পারি?" তার মাথার ভেতর সবসময় ঘুরঘুর করত ছবি, প্যাটার্ন, আর ধাঁধা। আঁকার জন্য তার কাগজ লাগত না—তার কল্পনাতেই সে আবিষ্কারগুলো "রঙ করে" ফেলত, একেবারে ছোট্ট স্ক্রু পর্যন্ত!

একদিন সে কল্পনা করল—এমন এক জলচাকা, যা নাকি চিরকাল ঘুরতে পারে। আরেকদিন সে নিজের মনে "দেখল"—এমন এক মোটর, যেটা চলতে থাকলে আর আলাদা করে স্পার্ক লাগবে না। আর যখন নিকোলা চোখ বন্ধ করত, সে শুধু স্বপ্ন দেখত না—সে ডিজাইন করত।

নিকোলা বড় হয়ে নিজের ভাবনাগুলোর পেছনে ছুটতে অনেক দূরে বাড়ি ছেড়ে গেল। সে বিখ্যাত আবিষ্কারক থমাস এডিসন-এর সঙ্গে কাজও করেছিল, কিন্তু বিদ্যুৎ নিয়ে তাদের ভাবনা ছিল একেবারে আলাদা। এডিসন বিশ্বাস করত ডাইরেক্ট কারেন্ট (DC)-এ—যেখানে বিদ্যুৎ এক দিকেই বয়ে যায়, নদীর স্রোতের মতো। কিন্তু টেসলা স্বপ্ন দেখত অল্টারনেটিং কারেন্ট (AC)-এর—যেখানে বিদ্যুৎ এদিক-ওদিক দোল খায়, দ্রুত আর মুক্ত—বিজলির মতো নাচতে নাচতে!

অনেকে ভাবত টেসলা নাকি খুব কল্পনাবিলাসী। খুব অদ্ভুত। খুব স্বপ্নালুক। কিন্তু জানো কী? তার আইডিয়াগুলো কাজ করেছিল। সে AC-চালিত মোটর বানাল, যা ঘুরে ঘুরে শহর জ্বালিয়ে দিল আলোতে। আজ তোমার বাড়ির বেশিরভাগ বিদ্যুৎ ঠিক টেসলার কল্পনার মতোই চলে।

তারের ভেতর দিয়ে সেটা যেন জিগজ্যাগ করে ছুটে যায়—আর পৃথিবীতে আলো এনে দেয়।

আর টেসলা যে কত বড় স্বপ্ন দেখত! সে চাইত—আকাশের ভেতর দিয়ে রেডিও সঙ্গীতের মতো ফ্রি বিদ্যুৎ পাঠিয়ে পৃথিবীকে আলোকিত করতে। সে এমনকি এক বিশাল টাওয়ার বানিয়েছিল—সমুদ্র পেরিয়ে তারবিহীন শক্তি পাঠানোর জন্য। টাওয়ারটা সফল হয়নি (আংশিক কারণ—তার টাকা ফুরিয়ে গিয়েছিল), কিন্তু তার অনেক "পাগলামো-দারুণ" আইডিয়া—যেমন তারবিহীন যোগাযোগ, এক্স-রে, রাডার, এমনকি রিমোট কন্ট্রোল—বহু বছর পরে সত্যি হয়ে গেছে।

নিকোলা টেসলা কল্পনা করা কখনও থামায়নি। সে এটা টাকা বা ট্রফির জন্য করেনি। সে করেছিল কারণ সে বিশ্বাস করত—বিজ্ঞান, কৌতূহল, আর বিস্ময়ে চালিত একটা ভালো পৃথিবী সম্ভব।

সে একবার বলেছিল:

"ভবিষ্যৎ সত্যটা বলবে... বর্তমানটা ওদের, আর ভবিষ্যৎ—যার জন্য আমি সত্যিই কাজ করেছি—সেটা আমার!"

তাই পরের বার তুমি দিবাস্বপ্নে হারিয়ে গেলে, বা হোমওয়ার্কের খাতায় রোবট আঁকতে আঁকতে ভাবলে, বা তারারা কী দিয়ে বানানো—এ নিয়ে কৌতূহলী হলে—থেমো না! পৃথিবীর দরকার স্বপ্নদ্রষ্টাদের। ঠিক নিকোলা টেসলার মতো।

সাহস করে কল্পনা করো। দারুণভাবে স্বপ্ন দেখো। আর পৃথিবীটা আলোয় ভরে দাও।

চিয়েন-শিয়ুং উ: যে বিজ্ঞানী হাল ছাড়েনি

চীনের এক ছোট্ট গ্রামে এক কন্যাশিশুর জন্ম হয়েছিল—যে একদিন বিজ্ঞানের ইতিহাস একেবারে বদলে দেবে। তার নাম চিয়েন-শিয়ুং উ। সাল ছিল ১৯১২। তখন অনেক মেয়ের কাছেই খুব বেশি পড়াশোনা আশা করা হতো না—কিন্তু চিয়েন-শিয়ুং-এর বাবা-মা ছিলেন আলাদা। তার বাবা মেয়েদের জন্যই একটা স্কুল শুরু করেছিলেন। আর জানো সেই স্কুলের প্রথম দিকের ছাত্রছাত্রীদের মধ্যে কে ছিল? ঠিকই ধরেছ—ছোট্ট উ! চোখে কৌতূহলের ঝিলিক, আর মাথা ভরা প্রশ্ন।

সে বই গিলে ফেলত। ধাঁধা সমাধান করত। পরমাণু, কণিকা—এই "দেখা যায় না" এমন জিনিসগুলো নিয়ে স্বপ্ন দেখত, আর ভাবত—ওরা কীভাবে নড়ে, কীভাবে ঘোরে। তরুণী হওয়ার সময়ই সে প্রস্তুত ছিল এক বড় অ্যাডভেঞ্চারের জন্য। পরিবার ছেড়ে সে জাহাজে করে পাড়ি দিল আমেরিকায়—পদার্থবিজ্ঞান পড়তে।

কিন্তু সেখানে পৌঁছেই দেখল— সবকিছু তার আশা মতো সহজ নয়।

চিয়েন-শিয়ুং উ অসাধারণ মেধাবী ছিল, আর চারপাশের অনেকের থেকে বেশি খাটত—তবু তাকে প্রায়ই উপেক্ষা করা হতো। কখনও তার আবিষ্কারের কৃতিত্ব সে পেত না। কখনও তার করা কাজের জন্য পুরুষেরা প্রশংসা পেত। আর কখনও শুধু সে নারী বলেই তাকে বলা হতো, "অপেক্ষা করো," "পরে চেষ্টা করো।" এমন হলে যে কারওই ছেড়ে দিতে ইচ্ছে করবে।

ইলাস্ট্রেশন 31: চিয়েন-শিয়ুং উ

কিন্তু উ ছেড়ে দেয়নি।

সে ফিরে দাঁড়িয়েছে বিজ্ঞানের জোরে!

সে ফিরে দাঁড়িয়েছে আইডিয়ার জোরে!

সে ফিরে দাঁড়িয়েছে এমন বুদ্ধিদীপ্ত পরীক্ষার জোরে—যা দেখে অন্য বিজ্ঞানীরাও হাঁ করে ফেলেছিল!

তার সবচেয়ে বিখ্যাত পরীক্ষাগুলোর একটা ছিল বিটা ক্ষয় নিয়ে। বিটা ক্ষয় হলো এমন এক ঘটনা, যেখানে কিছু পরমাণু থেকে নির্দিষ্ট কণিকা ছিটকে বেরিয়ে আসে। বিজ্ঞানীরা একসময় বিশ্বাস করত— কোনো কণিকাকে যদি "আয়নার মতো উল্টে" দেখা হয়, তাহলে সেটাও একইভাবে আচরণ করবে। এই ধারণাটার নাম ছিল প্যারিটি। কিন্তু উ ভাবল, "যদি মহাবিশ্ব এতটা 'ন্যায্য' না হয়?" তাই সে ভীষণ নিখুঁত, ভীষণ ঠান্ডা (সুপার-কোল্ড) এক পরীক্ষা সাজাল—ধারণাটা সত্যি কি না দেখার জন্য।

আর জানো কী হলো? সে ঠিকই ধরেছিল। মহাবিশ্ব সত্যিই নিজের পুরোনো "নিয়ম" ভেঙেছিল! উ-এর ফলাফল দেখিয়ে দিল—প্রকৃতি কখনও কখনও একপাশে ঝুঁকে যায়, আর বিজ্ঞানজগৎ একেবারে উল্টেপাল্টে গেল।

এটা ছিল পদার্থবিজ্ঞানের অন্যতম বড় আবিষ্কার। তত্ত্বটির জন্য দুজন পুরুষ নোবেল পুরস্কার পেল। কিন্তু উ—যে নিজের হাত, মন, আর অবিশ্বাস্য যত্ন দিয়ে সেটা প্রমাণ করেছিল—সে পুরস্কার পেল না।

তবু সে এগিয়ে গেল। সে তর্কে ঝাঁপায়নি। পা ঠুকে রেগেও যায়নি। সে পড়িয়েছে। গবেষণা করেছে। নিজের আলোয় উজ্জ্বল থেকেছে।

ধীরে ধীরে দুনিয়া খেয়াল করতে শুরু করল। সে হলো-এর প্রথম নারী সভাপতি। সে পেল অসংখ্য পুরস্কার। তার নামে স্কুল, রাস্তা রাখা হলো। মানুষ তাকে ডাকতে লাগল—"পদার্থবিজ্ঞানের ফার্স্ট লেডি", আর "পারমাণবিক গবেষণার রানি"।

তবে সব উপাধির চেয়েও বড় কথা—চিয়েন-শিয়ুং উ আমাদের *দেখিয়েছে দৃঢ়তা আসলে কী*। সে দেখিয়েছে—জীবন যদি তোমাকে ঠেলে ফেলে দেয়, তুমি আবার উঠে দাঁড়াতে পারো দয়া, সাহস, আর থামতে না-জানা কৌতূহল নিয়ে।

তাই যদি কখনও তোমার হাল ছেড়ে দিতে ইচ্ছে করে—চিয়েন-শিয়ুং উ-এর কথা ভেবো। সে শুধু ইতিহাস বানায়নি। সে দেখিয়েছে—*ফিরে দাঁড়ানোর দীপ্তি কীভাবে প্রায় জাদুর মতো লাগে।*

র‍্যাচেল কারসন: পৃথিবীর হয়ে কথা বলা বিজ্ঞানী

জোয়ার-ভাটার এক গল্পের মতো, সমুদ্রের গর্জন-তোলা ঢেউয়ের কাছে একদিন র‍্যাচেল কারসন নামে একটা মেয়ে ছিল। তার জন্ম ১৯০৭ সালে, পেনসিলভেনিয়ার এক ছোট্ট শহরে। ছোটবেলায় সে বন-জঙ্গল ঘুরে বেড়াতে ভালোবাসত, পাখির গান শুনত, আর দূরের সমুদ্রের স্বপ্ন দেখত। অন্য বাচ্চারা খেলনা নিয়ে খেলত—র‍্যাচেল তখন প্রাণী, তারা, আর বিজ্ঞান নিয়ে বই পড়তে ব্যস্ত। এমনকি মাত্র দশ বছর বয়সেই সে নিজের প্রথম গল্প লিখেছিল!

ইলাস্ট্রেশন 32: র‍্যাচেল কারসন তার বই পড়ছেন

র‍্যাচেল বড় হতে হতে প্রকৃতির প্রতি তার ভালোবাসা আরও শক্ত হলো। সে বিজ্ঞানী হলো—কিন্তু এমন বিজ্ঞানী না, যে ল্যাবে বুদবুদ ওঠা বিকারের পাশে সারাদিন থাকে। র‍্যাচেল ছিল লেখক বিজ্ঞানী। বিজ্ঞানকে সুন্দর, পরিষ্কার ভাষায় বোঝানোর একটা দারুণ ক্ষমতা ছিল তার। তার বইগুলো মানুষকে প্রকৃতির প্রেমে ফেলতে সাহায্য করেছিল—বিশেষ করে রহস্যময় গভীর নীল সমুদ্রের।

কিন্তু তারপর র‍্যাচেল একটা চিন্তার বিষয় খেয়াল করল। কৃষকেরা পোকামাকড় মারতে ব্যবহার করছিল শক্তিশালী রাসায়নিক—যাকে বলে

কীটনাশক। এর মধ্যে একটার নাম ছিল ডিডিটি। প্রথমে মনে হয়েছিল —ভালোই তো! ফসল পোকায় খাচ্ছে না! কিন্তু র‍্যাচেল লক্ষ করল— পাখিরা কমে যাচ্ছে। মাছ মরছে। এমনকি মানুষও অসুস্থ হতে পারে।

তারপর সে বুঝল—এই রাসায়নিকগুলো শুধু যেখানে স্প্রে করা হয়, সেখানেই আটকে থাকে না। তারা ছড়িয়ে পড়ে পানিতে, হাওয়ায়, আর খাবারের মধ্যেও। র‍্যাচেলের মনে ভেতর থেকে একটা অনুভূতি জেগে উঠল—দায়িত্ববোধ।

সে ভাবল,

"কারও তো সত্যিটা বলা দরকার। কারও তো পৃথিবীকে বাঁচানোর জন্য দাঁড়াতে হবে!"

তাই সে কাজে নেমে পড়ল।

সে প্রতিটা তথ্য খুঁটিয়ে দেখল। প্রতিটা সংখ্যার হিসেব দুবার করে মিলিয়ে নিল। তার বইয়ের প্রতিটা বাক্য যেন সত্যি আর ন্যায্য হয়—সে সেটা নিশ্চিত করল। তারপর সে লিখল Silent Spring—এমন একটা বই, যা দুনিয়া বদলে দিয়েছিল। বইটা মানুষকে সতর্ক করেছিল—যদি আমরা সাবধান না হই, এমন বসন্তও আসতে পারে যেখানে পাখির গান থাকবে না। ভাবতে পারো? এক পৃথিবী, যেখানে রবিন পাখিটাও গান গায় না!

কিছু মানুষ শুনতে চাইত না। বড় বড় কোম্পানি তাকে থামাতে চেষ্টা করেছিল। কিন্তু র‍্যাচেল ঝড়ের ভেতর বাতিঘরের মতো অটল ছিল। সে চেঁচায়নি, কাউকে দোষও দেয়নি—শুধু শান্তভাবে সত্যিটা বলেছিল।

কারণ দায়িত্বশীল হওয়া মানে সবচেয়ে জোরে কথা বলা নয়। মানে সতর্ক থাকা। সাহসী থাকা। আর কঠিন হলেও ঠিক কাজটা করা।

র‍্যাচেল কারসনের কারণে মানুষ মন দিয়ে খেয়াল করতে শুরু করল। প্রকৃতি রক্ষা করার জন্য আইন হলো। কীটনাশক আরও সাবধানে পরীক্ষা করা শুরু হলো। আর লাখ লাখ মানুষ বুঝতে লাগল— পৃথিবীর দরকার যত্নবান রক্ষক।

র‍্যাচেল কারসন শুধু প্রকৃতিকে ভালোবাসেনি—সে তার যত্নও নিয়েছে।

সে দুনিয়াকে দেখিয়েছে—বিজ্ঞানের সঙ্গে সবসময় হৃদয় থাকা উচিত। আর সে আমাদের আরেকটা জিনিস শিখিয়েছে: সত্য আর দায়িত্ব নিয়ে বলা একটিই শান্ত কণ্ঠস্বরও—দুনিয়া জুড়ে প্রতিধ্বনি তুলতে পারে।

অ্যালেকজান্ডার ফ্লেমিং: ছাঁচ-লাগা চমক-হিরো

ইলাস্ট্রেশন 33: অ্যালেকজান্ডার ফ্লেমিং—ছাঁচ দেখে অবাক

স্কটল্যান্ডে এক খামারবাড়িতে অ্যালেকজান্ডার ফ্লেমিং নামে এক শিশুর জন্ম হয়েছিল। তার দোলনায় মাইক্রোস্কোপ ছিল না, আর বেবি-ফটোতে ল্যাব কোটও না। কিন্তু ছোটবেলা থেকেই সে জানতে চাইত—জিনিসগুলো কীভাবে কাজ করে, বিশেষ করে প্রকৃতির ভেতরে। সে পোকামাকড় দেখে মজা পেত, গাছপালা বড় হতে দেখত, আর "কেন?" প্রশ্নটা এমন বারবার করত যে অনেক বড়র কাছেই তত উত্তর থাকত না!

বড় হয়ে অ্যালেকজান্ডার লন্ডনে গেল, আর ডাক্তার হলো। কিন্তু সে শুধু রোগী দেখা ডাক্তার ছিল না—সে ছিল বিজ্ঞানীও। সে ল্যাবে কাজ করত, যেখানে সে ব্যাকটেরিয়া নিয়ে পড়াশোনা করত—এতই ছোট ছোট জীব যে দেখতে হলে মাইক্রোস্কোপ লাগতেই লাগে। কিছু ব্যাকটেরিয়া উপকারি, কিন্তু কিছু ব্যাকটেরিয়া মানুষকে ভীষণ অসুস্থ করে দিতে পারে। আর সেই সময়ে যদি কারও মারাত্মক সংক্রমণ হতো, ডাক্তারদের করার মতো খুব বেশি কিছু থাকত না।

ফ্লেমিং এটা বদলাতে চেয়েছিল।

এবার গল্পটা একটু রোমাঞ্চকর... আর একটু নোংরাও (ভালোমতো!)।

১৯২৮ সালের এক উষ্ণ দিনে ফ্লেমিং অল্প দিনের ছুটিতে ল্যাব থেকে বেরিয়ে গেল। যাওয়ার আগে সে সব পেট্রি ডিশ (বিজ্ঞানীরা ব্যাকটেরিয়া বাড়াতে যে চ্যাপ্টা ছোট পাত্র ব্যবহার করেন) ধুয়ে-মুছে গুছিয়ে রাখেনি। ফিরে এসে সে দেখল অদ্‌ভুত একটা ব্যাপার। একটা ডিশে ছাঁচ ধরেছে। মাঝখানে তুলোর মতো নরম-নরম একগাদা ফাজ়ি জিনিস বেড়ে উঠেছে!

বেশিরভাগ মানুষ হলে বলত, "ইউ!" বলে ফেলে দিত।

কিন্তু অ্যালেকজান্ডার ফ্লেমিং তা করেনি।

সে ডিশটার ওপর ঝুঁকে পড়ল। চশমার ভেতর দিয়ে চোখ কুঁচকে ভালো করে দেখল। তারপর সে দেখল এক অবিশ্বাস্য জিনিস: ছাঁচটার

চারপাশে ব্যাকটেরিয়া নেই! মানে ছাঁচটা ব্যাকটেরিয়াগুলোকে মেরে ফেলছে!

সে ভাবল, "এটা কী আশ্চর্য ছাঁচ?"

ফ্লেমিং বলেনি, "ওহ না! আমার এক্সপেরিমেন্ট নষ্ট!"

বরং সে বলল, "এখানে নতুন কিছু ঘটছে। আমি খুঁজে বের করব এটা কী!"

এটাই হলো ফ্লেক্সিবিলিটি—পরিকল্পনা বদলাতে পারা, চমককে অনুসরণ করা, আর নতুন কিছু শেখা।

সে ছাঁচটা নিয়ে আরও পড়াশোনা করল, আর আবিষ্কার করল—এটা একটা বিশেষ পদার্থ তৈরি করে, যা ব্যাকটেরিয়াকে ঠেকাতে পারে। সে এর নাম দিল পেনিসিলিন। এটিই হলো প্রথম অ্যান্টিবায়োটিক। অ্যান্টিবায়োটিক হলো এমন এক ধরনের ওষুধ, যা সংক্রমণের বিরুদ্ধে লড়ে।

শুরুতে খুব কম মানুষই বুঝেছিল এই আবিষ্কার কত বড়। কিন্তু অনেক বছর পরে, দ্বিতীয় বিশ্বযুদ্ধ চলাকালীন, অন্য বিজ্ঞানীরা পেনিসিলিন অনেক পরিমাণে তৈরি করার উপায় বের করল—আর সেটা লক্ষ লক্ষ জীবন বাঁচাল।

ফ্লেমিং◌ের ফ্লেক্সিবল চিন্তার জন্য, একটা ছাঁচ-লাগা "দুর্ঘটনা" হয়ে উঠল চিকিৎসাবিজ্ঞানের ইতিহাসের সেরা আবিষ্কারগুলোর একটা। তাহলে অ্যালেকজান্ডার ফ্লেমিং থেকে আমরা কী শিখি?

- ভুল করতে ভয় পেও না।
- অপ্রত্যাশিত জিনিসকে ভালো করে দেখো।
- প্রয়োজনে মত বদলাতে রাজি থাকো।
- আর সবসময় কৌতূহলী থেকো।

বিজ্ঞানীরা যখন ফ্লেক্সিবল হয়, তখন সবচেয়ে বড় আবিষ্কারও এসে যেতে পারে—সবচেয়ে এলোমেলো মুহূর্ত থেকে!

চার্লস ডারউইন: যে অভিযাত্রী "আমি জানি না" বলতে ভয় পেত না

বিজ্ঞানের একেবারে বাস্তব দুনিয়ায়, ১৮০৯ সালে ইংল্যান্ডের শ্রুসবুরি শহরে চার্লস ডারউইন নামে এক শিশুর জন্ম হয়। তার হাতে কোনো জাদুর ছড়ি ছিল না, কোনো সুপারপাওয়ারও না। কিন্তু তার ছিল ঠিক ততটাই শক্তিশালী এক জিনিস—কৌতূহল।

ছোটবেলায় চার্লস ছিল একেবারে সংগ্রাহক। পালক, পোকা, গুবরে পোকা, হাড়—যা নড়ে, যা চকচক করে, বা যা রহস্যময় লাগে—সবই তার পকেটে ঢুকে পড়ত। (তার মা হয়তো কাপড় কাচার দিনটা একদমই পছন্দ করতেন না!) *চার্লস পড়ার কাজ সবসময় খুব ভালোবাসত না, আর সে এমন ছেলে ছিল না যে হাত তুলে সব প্রশ্নের উত্তর ঝটপট দিয়ে দেবে। কিন্তু সে ভালোবাসত প্রশ্ন করতে—আর সাধারণ প্রশ্ন না, বড় বড় প্রশ্ন।

ইলাস্ট্রেশন 34: *চার্লস ডারউইন আর ফিঞ্চ পাখি*

- এত রকম প্রাণী কেন আছে?
- এরা সবাই কোথা থেকে এলো?
- এরা কেন বদলায়?

চার্লস বড় হলে সে জীবনের সেরা এক সুযোগ পেল: HMS Beagle নামে একটা জাহাজে করে বৈজ্ঞানিক অভিযানে সারা পৃথিবী ঘুরে দেখার। সে ক্যাপ্টেন ছিল না। এমনকি শুরুতে সে জাহাজের "অফিশিয়াল" বিজ্ঞানীও ছিল না! তার কাজ ছিল—প্রকৃতিকে পর্যবেক্ষণ করা। আর সে সেটা দারুণভাবে করেছিল।

দক্ষিণ আমেরিকার উপকূল থেকে শুরু করে দূরের গালাপাগোস দ্বীপপুঞ্জ পর্যন্ত, চার্লস দেখল নানা আকারের, নানা ধরনের প্রাণী। তখন সে একটা অদ্ভুত ব্যাপার খেয়াল করল: এক দ্বীপের ফিঞ্চ পাখি দেখতে অন্য দ্বীপের ফিঞ্চের মতো নয়। কারও ঠোঁট লম্বা আর সরু—পোকা ধরার জন্য। কারও ঠোঁট মোটা আর শক্ত—বীজ ভাঙার জন্য। চার্লস ভাবল, "এই পাখিগুলো কি তাহলে আত্মীয়-স্বজন?" "ওরা কি সময়ের সাথে বদলেছে—নিজেদের বাড়ির পরিবেশের সঙ্গে মানিয়ে নিতে?"

এই প্রশ্নটাই হয়ে গেল এমন এক রহস্য, যেটা চার্লস বছরের পর বছর ধরে নিয়ে ভাবল। ইংল্যান্ডে ফিরে এসে সে তাড়াহুড়ো করেনি। পরদিনই "ইউরেকা!" বলে বই লিখে ফেলেনি। না—চার্লস ছিল ধৈর্যশীল। সে কবুতর পুষল। জীবাশ্ম পড়ল। বই পড়ল। স্কেচ আঁকল। অনেক হাঁটাহাঁটি করল, আর গভীরভাবে ভাবল। আর মাঝে মাঝে সে একটা কথা বলত—যেটা একজন বিজ্ঞানীর পক্ষে বলাটা ভীষণ সাহসের: *"আমি এখনও নিশ্চিত না!"*

চার্লস ডারউইনের বিশ্বাস ছিল—ভালো বিজ্ঞানী হওয়া মানে প্রকৃতিকে শোনা, শুধু নিজের কথা শোনানো নয়। সে সব উত্তর জানে—এমন ভান করত না। আসলে, তার সবচেয়ে বিখ্যাত বই *On the Origin of Species* প্রকাশ করতে সে বিশ বছর অপেক্ষা করেছিল। আর সেই বইয়েও সে বলেছিল, "এখনও অনেক কিছু আছে যা আমরা বুঝি না।" সে ছিল সৎ। সে ছিল সাবধানী। সে ছিল বিনয়ী।

আর এটাই তাকে মহান করেছে। কারণ বিজ্ঞান মানে ঘরের মধ্যে সবচেয়ে বুদ্ধিমান হওয়া নয়। বিজ্ঞান মানে সেই মানুষটা হওয়া, যে সাহস করে ভাবে—"যদি আমি ভুল হই?" আর এতটা বুদ্ধিমান হওয়া, যে পৃথিবী নতুন কিছু ফিসফিস করলে—সে সত্যিই শুনতে পারে।

তাই পরের বার তোমার মাথায় বড় কোনো প্রশ্ন এলে, বা কোনো বিষয়ে তুমি অনিশ্চিত বোধ করলে—চার্লস ডারউইনের কথা মনে রেখো: পকেটে গুবরে পোকা রাখা সেই ছেলে, নোটবুকে পাখির ছবি আঁকা সেই অভিযাত্রী, আর সেই বিজ্ঞানী যে *"আমি জানি না... এখনো"* বলে পৃথিবী বদলে দিয়েছিল।

টাইকো ব্রাহে: অসাধারণ তারামাপনী

ইলাস্ট্রেশন 35: টাইকো ব্রাহে তারাদের মাপছেন

ঠান্ডা-হাওয়া ভরা ডেনমার্ক রাজ্যে, ঝিকিমিকি তারার নিচে এক শিশুর জন্ম হয়েছিল। সেই শিশুটিই বড় হয়ে হলো টাইকো ব্রাহে—যে একদিন আকাশকে এমনভাবে মেপে ফেলবে, যেমন আগে কেউ কখনও পারেনি।

টাইকো ছিল গড়পড়তা "তারাদেখিয়ে" না। সে শুধু আকাশ দেখে বলত না, "এটা কত সুন্দর!" না না। সে জানতে চাইত—ওই তারাটা ঠিক কোথায়? কতটা উঁচুতে? কতটা উজ্জ্বল? আর ওই পাশের ঝিলমিলে তারাটার থেকে কতটা দূরে? তার কৌতূহল ছিল, কিন্তু তার থেকেও বড় কথা—তার ছিল নিখুঁত নির্ভুল হওয়ার নেশা।

টাইকোর জন্ম ১৫৪৬ সালে—যখন টেলিস্কোপেরও অনেক আগের সময়। কিন্তু তাতে কী! সে নিজেই বানিয়ে নিল নিজের যন্ত্র। বিশাল বড়

ধাতব যন্ত্র—যা দেখতে যেন কম্পাস, স্কেল, আর একখানা দানব-সাইজের দোলনার সেট—সব একসাথে! সে এমনকি একটা পুরো পর্যবেক্ষণকেন্দ্র-দ্বীপও তৈরি করল—নাম ইউরানিবর্গ, মানে "আকাশের দুর্গ"। হ্যাঁ, ঠিকই পড়েছ—তারাদের পড়ার জন্য তার ছিল নিজস্ব দ্বীপ!

প্রতিটা রাতে টাইকো গরম উলের পোশাক জড়িয়ে আকাশের নিচে বেরিয়ে পড়ত, আর লেখা শুরু করত। সে তাড়াহুড়ো করত না। গাফিলতি করত না। চাঁদ যদি একটুও সরে যেত, সে খেয়াল করত। কোনো গ্রহ যদি সামান্য—এক চুল—বাঁদিকে সরে দাঁড়াত, টাইকো বুঝে ফেলত। সে ছোট ছোট পরিষ্কার নোটে সব লিখে রাখত—বারবার মিলিয়ে, বারবার মেপে—দুবার না, কখনও তিনবারও! তার রেকর্ড ছিল সেই সময়ের বিশ্বের সবচেয়ে নির্ভুল, আর সে এগুলো দশকের পর দশক ধরে সংগ্রহ করেছিল।

১৫৭২ সালে সে একটা অবিশ্বাস্য জিনিসও লক্ষ্য করল—আকাশে একটা নতুন উজ্জ্বল তারা! আজ আমরা জানি সেটা ছিল সুপারনোভা (তারার বিস্ফোরণ), কিন্তু তখন মানুষ ভাবত আকাশ নাকি কখনও বদলায় না। টাইকোর যত্ন করে মাপা তথ্য প্রমাণ করতে সাহায্য করল—আকাশও বদলাতে পারে।

আর শুনে রাখো—টাইকো সবসময় গম্ভীর ছিল না। তার মধ্যে ছিল "ড্রামাটিক" স্টাইল! সে ঝলমলে পোশাক পরত, পোষা প্রাণী হিসেবে একটা শান্ত মুস রেখেছিল, আর একটা গণিতের ঝগড়ায় তলোয়ারযুদ্ধে নিজের আসল নাক হারিয়ে পরে ধাতুর নাক পরে ঘুরত। (এটা কিন্তু বাড়িতে ট্রাই কোরো না!)

কিন্তু মুস আর ধাতুর নাকের নিচে, টাইকো ছিল এক বিজ্ঞানী—যে বিশ্বাস করত সত্য লুকিয়ে থাকে খুঁটিনাটিতে। তার সেই নির্ভুল মাপজোকই পথ খুলে দিয়েছিল তার সহকারী ইয়োহানেস কেপলার-এর জন্য—যে পরে বের করল, গ্রহগুলো নিখুঁত বৃত্তে নয়, উপবৃত্তাকার (ডিম্বাকৃতি) কক্ষপথে ঘোরে। টাইকোর আকাশ-মানচিত্র এত যত্নের না হলে, আজও হয়তো আমরা অনেক কিছু শুধু আন্দাজ করেই চালাতাম।

তাই পরের বার তুমি তারাদের দিকে তাকিয়ে ভাববে "ওখানে কী আছে?", তখন টাইকো ব্রাহের কথা মনে রেখো—যে আকাশের দিকে তাকিয়ে বলেছিল,

"চলো, মেপে দেখি!"

আর তারপর... সত্যিই মেপে ফেলেছিল—*একেবারে নিখুঁতভাবে!*

দিমিত্রি মেন্ডেলেয়েভ: এলোমেলো রসায়নের জগতে শৃঙ্খলার জাদুকর

ইলাস্ট্রেশন 36: দিমিত্রি মেন্ডেলেয়েভ ও পর্যায় সারণি

দিমিত্রি মেন্ডেলেয়েভের জন্ম ১৮৩৪ সালে, রাশিয়ার সাইবেরিয়ার এক ঠান্ডা শহরে। তিনি ছিলেন খুব বড় পরিবারের সবচেয়ে ছোট সন্তান। কেউ কেউ বলে—তার নাকি ১৭ জন পর্যন্ত ভাইবোন ছিল! এত জুতো, বই, বাটি—সব এক বাড়িতে থাকলে... অবাক হওয়ার কিছু নেই যে দিমিত্রি ছোট থেকেই *গুছিয়ে রাখার* কায়দা শিখে ফেলেছিল!

ছোটবেলায় দিমিত্রির পড়াশোনার খুব নেশা ছিল—বিশেষ করে বিজ্ঞান। কিন্তু জীবন সবসময় সহজ ছিল না। তার বাবা অন্ধ হয়ে গেলেন, পরে মারা গেলেনও। তাই দিমিত্রিকে পড়াতে তার মা ভীষণ পরিশ্রম করলেন। এমনকি তিনি ছেলেকে নিয়ে রাশিয়া জুড়ে দীর্ঘ যাত্রা করেছিলেন—যে সবচেয়ে ভালো স্কুলটা খুঁজে পাওয়া যায়, সেখানে ভর্তি করাবেন বলে।

দিমিত্রি রসায়ন পড়তে শুরু করল, আর খুব তাড়াতাড়ি সে একটা অদ্ভুত ব্যাপার খেয়াল করল: রাসায়নিক মৌলগুলোর জগৎটা যেন একেবারে জগাখিচুড়ি! বিজ্ঞানীরা তখন ৬০টিরও বেশি মৌল আবিষ্কার করেছেন, কিন্তু কেউই ঠিক বুঝতে পারছিল না—এরা কার সঙ্গে কার সম্পর্ক কী। কোনো সিস্টেম নেই—শুধু নাম আর সংখ্যা—একদম যেন লেগো ব্রিক্সের একটা এলোমেলো ড্রয়ার!

কিন্তু দিমিত্রির ছিল এক বিশেষ শক্তি: গোছানো-শক্তি। যেখানে অন্যরা বিশাল গণ্ডগোল দেখত, সেখানে সে প্যাটার্ন দেখতে পেত। তাই সে কাজে নেমে পড়ল।

দিমিত্রি পরিচিত সব মৌলকে আলাদা আলাদা কার্ডে লিখে ফেলল—এক মৌল, এক কার্ড। প্রতিটা কার্ডে থাকত মৌলের নাম, তার ওজন (তখনকার হিসাবে), আর তার বৈশিষ্ট্য। তারপর সে কার্ডগুলো বড় টেবিলে ছড়িয়ে দিল—ঠিক যেন মৌল নিয়ে “মেমরি ম্যাচ” খেলছে, তবে দানব-সাইজে!

সে সাজাতে শুরু করল পরমাণু ওজন অনুযায়ী—হালকা থেকে ভারী। কিন্তু শুধু ওজনেই সব ঠিক হচ্ছিল না। কিছু মৌল আচরণে একরকম—দিমিত্রি ভাবল, "হুম… তাহলে এদের একসঙ্গে রাখাই ভালো!"

সে কার্ড নাড়ল। সাজাল। তাকিয়ে রইল। আঁকিবুঁকি কাটল। আর সম্ভবত… অনেকটাই চা খেল! ☕

শেষে একটা প্যাটার্ন ফুটে উঠল। কিছু মৌলের আচরণ নিয়মিতভাবে বারবার ফিরে আসছে—ঠিক যেন গানের তালে একই বিট আবার আসে। দিমিত্রি আবিষ্কার করল পর্যায় সূত্র—মৌলগুলোর গোপন ছন্দ।

বড় হাসি নিয়ে (আর হয়তো একটা বড় হাই তুলে!), দিমিত্রি বানাল মৌলগুলোর পর্যায় সারণি। এবার প্রতিটা মৌলের একটা করে "বাড়ি" হলো। আরও মজার ব্যাপার—সে টেবিলে কিছু খালি ঘরও রেখে দিল, যেখানে তখন কোনো পরিচিত মৌল ঠিকমতো বসছিল না। কিন্তু তার বিশ্বাস ছিল—ওগুলো আছে, শুধু এখনো খুঁজে পাওয়া যায়নি।

অনেকে ভাবল সে একটু "অদ্ভুত"! তারা বলল, "টেবিলে ফাঁকা গর্ত রেখে কীভাবে চলবে?" দিমিত্রি শুধু হেসে বলল, "অপেক্ষা করো।"

কিছু বছর পর সত্যিই বিজ্ঞানীরা ঠিক সেই মৌলগুলো আবিষ্কার করল, যেগুলো দিমিত্রি আগে থেকেই অনুমান করেছিল—গ্যালিয়াম, স্ক্যান্ডিয়াম, জার্মেনিয়াম—আর সেগুলো তার টেবিলে একদম পারফেক্টভাবে বসে গেল, যেন ধাঁধার টুকরো—যেটা সে তৈরি হওয়ার আগেই কল্পনা করে ফেলেছিল!

তার সাজানো নোট, পরিপাটি টেবিল, আর গুছিয়ে-রাখার ভালোবাসা বিজ্ঞানীদের সাহায্য করল—সবকিছুর "বিল্ডিং ব্লক" বুঝতে: বাতাস থেকে জল, পিনাট বাটার থেকে গ্রহ—সবই!

দিমিত্রির কারণে রসায়ন আর এলোমেলো থাকল না—রসায়ন সমঝদার হয়ে উঠল।

দিমিত্রি মেন্ডেলেয়েভ সম্পর্কে মজার তথ্য

- সে একবার এমন গুছিয়ে ব্যাগ গুছিয়েছিল যে মাত্র একটা ট্রাঙ্ক নিয়ে সপ্তাহের পর সপ্তাহ ভ্রমণ করতে পারত!
- তার দাড়ি ছিল লম্বা আর একটু বুনো—কিন্তু তার নোটবুকগুলো থাকত সবসময় ঝকঝকে পরিষ্কার।
- রাশিয়ায় ওজন-মাপের নতুন ব্যবস্থা বানাতেও সে সাহায্য করেছিল—কারণ "গুছিয়ে রাখা" তার শখই ছিল না, ছিল তার সুপারপাওয়ার।

গল্পের নীতি? তোমার ব্যাকপ্যাক যদি পরিপাটি থাকে, মোজা-ড্রয়ার যদি গুছানো থাকে, আর কার্ডগুলো যদি ঠিকঠাক সাজানো থাকে—তাহলে তুমি দিমিত্রির মতোই ভাবছ। কে জানত—*গোছানো থাকাও* দুনিয়া বদলে দিতে পারে?

সোফি জার্মাঁ: যে নারী বারবার জিজ্ঞেস করত —"কেন?"

ইলাস্ট্রেশন 37: যে নারী বারবার জিজ্ঞেস করত—"কেন?"

প্যারিস শহরের বুকের ভেতর—বিপ্লব আর পরিবর্তনের এক দারুণ টালমাটাল সময়ে—সোফি জার্মাঁ নামে এক কিশোরী এমন একটা জিনিস খুঁজে পেল, যা আতশবাজি আর পতাকার থেকেও শক্তিশালী: সংখ্যা নিয়ে একটা বই। তার বয়স তখন মাত্র তেরো। সে যখন আর্কিমিডিস সম্পর্কে পড়ল—প্রাচীন গ্রিক সেই মানুষটা, যিনি এত গভীরভাবে চিন্তায় ডুবে ছিলেন যে আক্রমণকারী সেনাবাহিনীও নাকি খেয়াল করেননি—সোফি একেবারে "লাগে গেল"!

"যদি গণিত কাউকে চারপাশ সব ভুলিয়ে দিতে পারে," সোফি ভাবল, "তাহলে আমি জানতে চাই—এটা এত আশ্চর্য কেন!"

কিন্তু একটা সমস্যা ছিল। তখন সময়টা ১৭০০ সালের শেষ দিক, আর সেই সময়ে অনেকেই বলত—মেয়েদের নাকি গণিত পড়া ঠিক নয়। তাদের নাকি সেলাই-কাটা, রান্না-বেকিং, কবিতা লেখা—এগুলোই করা উচিত, মহাবিশ্বের গোপন রহস্য নিয়ে মাথা ঘামানো নয়। কিন্তু সোফি? সোফি লিখত বটে—তবে কবিতা নয়। সে লিখত সমীকরণে।

রাতে, যখন বাড়ি একদম শান্ত, আর সবাই ভাবত সে ঘুমোচ্ছে—সোফি বিছানা থেকে চুপিচুপি নেমে পড়ত, মোমবাতি জ্বালাত, আর কম্বলের ভেতর বসে বসে গণিত করত। একদিন তার বাবা-মা ধরে ফেলল। তারা তার মোমবাতিগুলো কেড়ে নিল—ভাবল এতে সে থেমে যাবে। কিন্তু সোফি থামেনি। সে শুধু... আরও মোমবাতি জোগাড় করল।

বড় হতে হতে সোফির শেখার তৃষ্ণা আরও বেড়ে গেল। কিন্তু প্যারিসের সেই বিখ্যাত স্কুলমেয়েদের ঢুকতেই দিত না। তাই সোফি এক

চতুর পরিকল্পনা করল: সে এক প্রাক্তন ছাত্রের নাম ধার নিল—মঁসিয়ে ল্যুব্লাঁ—আর ডাকযোগে হোমওয়ার্ক পাঠাতে শুরু করল!

অধ্যাপকেরা তার কাজ দেখে অবাক। একদিন সে বিখ্যাত গণিতবিদ কার্ল ফ্রিডরিখ গাউস-কে চিঠি লিখল। গাউস তার আইডিয়া দেখে এতই মুগ্ধ হলেন যে তিনি উত্তর লিখে প্রশংসা করলেন—তার তীক্ষ্ণ মন আর গভীর বোঝাপড়ার। গাউস জানতেনই না সোফি একজন নারী—যুদ্ধের সময় এক সদয় মানুষ তাকে সত্যিটা জানালে গাউস চমকে উঠলেন... এবং খুশিও হলেন। তিনি বলেছিলেন, তার মতো প্রতিভা অনেক পুরুষের মধ্যেও বিরল।

কিন্তু সোফি প্রশংসার জন্য গণিত করত না। সে করত কারণ তার প্রশ্ন ছিল। সে সংখ্যাতত্ত্ব পড়ত—ভাবত কেন কিছু সংখ্যা যেন একসঙ্গে "নাচে", আর কিছু সংখ্যা একা একা দাঁড়িয়ে থাকে। তারপর সে আরেক ধরনের "কেন?" প্রশ্ন করল—

ধাতব পাতকে আঘাত করলে তা কেন সুন্দর সুন্দর প্যাটার্নে কাঁপে?

এই "ধাতব সঙ্গীত" শুধু মজার ছিল না—এটা ছিল এক রহস্য। বিজ্ঞানীরা বছরের পর বছর মাথা চুলকাচ্ছিলেন। সোফি এই সমস্যার পেছনে দশ বছরেরও বেশি সময় ধরে লেগে ছিল। অন্যরা যখন হাল ছেড়ে দেয়, সোফি তখনও চেষ্টা চালিয়ে গেল। শেষ পর্যন্ত সে এমন একটা গুরুত্বপূর্ণ উত্তর বের করল, যা ইলাস্টিসিটি নামের বিজ্ঞানের ভিত্তি গড়তে সাহায্য করল। ইলাস্টিসিটি মানে—জিনিস কীভাবে বাঁকে, টানে, আর কাঁপে।

সমস্যাটা সমাধানের জন্য যখন সে এক প্রতিযোগিতায় অংশ নিল, প্রথমবার সে জিততে পারেনি। কিন্তু তাতে কি থেমে গেছে? একদমই না! সে আবার ঠিক করল, আরও উন্নত করল, আবার পাঠাল। পরের বার... সে জিতল।

সোফি জার্মাঁ কখনও "কেন?" প্রশ্ন করা থামায়নি। বাবা-মা বাধা দিলেও না। সমাজ "না" বললেও না। সমস্যা কঠিন হলেও না। তার কৌতূহলী মন তাকে এমন দূরে নিয়ে গিয়েছিল, যতটা কেউ ভাবেনি। আর আজও সারা বিশ্বের গণিতবিদেরা তার কাজ পড়েন, আর তার সাহসকে সম্মান করেন।

তাই তুমি যদি কখনও ভাবো—আকাশ নীল কেন, সংখ্যা এত অদ্ভুত কেন, বা গিটারের তার কেন এমনভাবে গুনগুন করে—তাহলে মনে রেখো: তুমি হাঁটছ সোফি জার্মাঁর পথেই—যে নারী বারবার জিজ্ঞেস করেছিল, "কেন?"... আর নিজের প্রশ্নগুলো দিয়ে দুনিয়াকেই বদলে দিয়েছিল।

পল এর্ডশ: যে মানুষটা ঘুমের থেকেও সংখ্যাকে বেশি ভালোবাসত

বেশিরভাগ মানুষ স্কুলে যায় ব্যাকপ্যাক নিয়ে। আর পল এর্ডশ? সে বয়ে বেড়াত গণিতে ঠাসা একটা মস্তিষ্ক—আর খুব বেশি কিছু নয়! তার জন্ম ১৯১৩ সালে, হাঙ্গেরিতে। আর মাত্র চার বছর বয়সেই সে এমন অঙ্ক করতে পারত, যেটা বড়দেরও কপালে ভাঁজ ফেলিয়ে দিত। তুমি যদি তাকে তোমার জন্মদিন বলতে, সে ঝটপট বলে দিত—তুমি কত সেকেন্ড বয়সী! ক্যালকুলেটরের দরকার কী, যখন মাথার ভেতরই আছে "ম্যাথ-ইঞ্জিন"?

ইলাস্ট্রেশন 38: পল এর্ডশ এক দরজার সামনে হাজির

কিন্তু এর্ডশ সেখানে থামেনি। বড় হতে হতে সে সংখ্যার প্রতি আরও বেশি মোহগ্রস্ত হলো—বিশেষ করে মৌলিক সংখ্যা নিয়ে। এগুলো হলো এমন সংখ্যা, যেগুলোকে শুধু ১ আর নিজে দিয়ে ভাগ করা যায়—যেমন ২, ৩, ৫, ৭। এর্ডশের কাছে মৌলিক সংখ্যাগুলো ছিল সংখ্যার সমুদ্রে একাকী ছোট ছোট দ্বীপ—আর সে তাদের গোপন রহস্য জানতে চাইত।

এবার মজার অংশটা শোনো: পল এর্ডশ বেশিরভাগ মানুষের মতো "সেটল" হওয়ার লোক ছিল না। সে বাড়ি কিনল না, গাড়ি কিনল না। বিয়ে করল না, সন্তানও হলো না। বরং সে হয়ে গেল এক গাণিতিক ভবঘুরে! একটা মাত্র স্যুটকেস নিয়ে সে পৃথিবীর এদিক-ওদিক ঘুরে বেড়াত, অন্য গণিতবিদদের বাড়িতে গিয়ে দরজায় টোকা দিত, আর বলত— "আমার মস্তিষ্ক খোলা।"

এর্ডশ-ভাষায় এর মানে: "চলো, একসাথে অঙ্ক করি!"

সে ছিল যেন গণিতের সুপারহিরো—সবচেয়ে কঠিন ধাঁধাগুলোতে সাহায্য করতে হঠাৎ হাজির! সে লিখেছিল ১,৫০০-এর বেশি গবেষণাপত্র—গণিতের ইতিহাসে প্রায় সবার চেয়েই বেশি—আর কাজ করেছিল ৫০০-এর বেশি মানুষের সঙ্গে! তুমি যদি কখনও এর্ডশের সঙ্গে একটা পেপারে কাজ করতে, তাহলে তুমি পেতে একটা বিশেষ জিনিস—এর্ডশ নম্বর।

* এর্ডশের সঙ্গে সরাসরি পেপার করলে নম্বর ১

- যে এর্ডশের সঙ্গে করেছে, তার সঙ্গে করলে নম্বর ২
- আর এভাবে এগোতে থাকে... ৩, ৪...

যার এর্ডশ নম্বর যত ছোট, সে যেন তত "কাছাকাছি" এর্ডশের গণিত-জাদুর!

এর্ডশ নিজের একটা মজার ভাষাও বানিয়েছিল। সে শিশুদের বলত "এপসিলন"—গ্রিক অক্ষর ε (এপসিলন) থেকে—যার মানে গণিতে "খুব ছোট্ট একটা জিনিস"।

আর এর্ডশ কখনও হাল ছাড়ত না। তার বিশ্বাস ছিল, আকাশে কোথাও একটা নিখুঁত বই আছে—*The Book*—যেখানে সবথেকে সুন্দর, সবথেকে ঝকঝকে গণিতের প্রমাণগুলো লেখা। যখনই সে কোনো সমস্যার চমৎকার সমাধান বের করত, সে কল্পনা করত—সেটা যেন সোজা *The Book* থেকে এসেছে।

টাকার প্রতি তার বিশেষ টান ছিল না। যা পেত, অনেকটাই দিয়ে দিত—ছাত্রদের, গণিত প্রতিযোগিতায়, বা সাহায্য দরকার এমন বন্ধুদের। সে অতিথির ঘরে, সোফায় ঘুমাত। জীবনের শেষ পর্যন্ত সে স্যুটকেস নিয়েই বাঁচল—ভ্রমণ, ভাবনা, সমাধান, আর শেয়ার করা—এই চারটেই তার জীবন।

১৯৯৬ সালে এর্ডশ মারা যাওয়ার সময়ও সে গণিতের সমস্যা নিয়ে কাজ করছিল।

তার গল্প আমাদের মনে করিয়ে দেয়—গণিত শুধু সংখ্যা নয়। গণিত হলো *আনন্দ, বন্ধুত্ব, কৌতূহল, আর* খেলা। পল এর্ডশ শুধু গণিত করত না—সে পুরো হৃদয় দিয়ে গণিতকে ভালোবাসত।

তাই পরের বার তুমি কোনো কঠিন ধাঁধা সমাধান করলে, বা কোনো প্যাটার্নে "এরপর কী হবে?" ভাবলে, বা কোনো সংখ্যাকে অদ্‌ভুতভাবে বিশেষ মনে হলে—কল্পনা করো, এর্ডশ তোমার কাঁধে টোকা দিচ্ছে আর ফিসফিস করে বলছে, "*আমার মস্তিষ্ক খোলা!*"

লিয়নহার্ড অয়লার: গণিতের জাদুকর

'Euler' উচ্চারণটা হলো "অয়লার"। হ্যাঁ, সত্যি সত্যি!

চলো কয়েকশো বছর পিছিয়ে যাই—সুইজারল্যান্ডের একটা শহরে—যেখানে লিয়নহার্ড অয়লার নামে এক ছেলে এমন একটা কাজ করত, যেটা বেশিরভাগ বাচ্চাই "মজা" হিসেবে ভাবেই না: সে আনন্দের জন্য অঙ্ক করত!

অন্য বাচ্চারা যখন মার্বেল খেলত বা নতুন নতুন খেলাধুলা বানাত, লিয়নহার্ড খেলত সংখ্যা, আকার, আর চিহ্ন দিয়ে। তার প্রিয় প্রশ্ন ছিল—"যদি এমন করি?"

- যদি কোনো আকারের প্রতিটা কোণাকে রেখা দিয়ে জুড়ে দিই?
- যদি সংখ্যারা তীরের মতো মহাকাশে ছুটতে পারে?
- যদি শহরের সব ব্রিজ একবার করে পার হওয়ার চেষ্টা করি—একটাও ব্রিজ দ্বিতীয়বার না পেরিয়ে?

ইলাস্ট্রেশন 39: লিয়নহার্ড অয়লার

তার প্রতিটা প্রশ্নই ছিল একটা ধাঁধা—আর অয়লার ছিল ধাঁধার একেবারে মাস্টার!

বড় হতে হতে তার গণিত-ভালোবাসা কমেনি—উল্টো যেন বিস্ফোরণ ঘটল! সে এমন সব সমস্যা সমাধান করল, যা অন্য কেউ বুঝতেই পারছিল না। সে গণিত করার এমন নতুন নতুন পথ তৈরি করল, যেগুলো আজও প্রতিদিন ব্যবহার হয়!

এখানে তার কয়েকটা "গণিত-সুপারপাওয়ার" দেখো—

- **e সংখ্যা**: এটা গণিতের এক ধরনের গোপন "স্পেশাল সস"। অয়লার দেখিয়েছিল কেন এটা এত জরুরি—এবং এই e-কে তার নামের সঙ্গেও জুড়ে দেখা যায়!
- **অয়লারের সূত্র**: রেখা, বক্ররেখা, কোণ, এমনকি বৃত্ত—সবকিছুকে এক সুতোয় বাঁধা একটা "জাদুর সেতু"। কেউ কেউ বলে, এটা পৃথিবীর সবচেয়ে সুন্দর সমীকরণগুলোর একটি।
- **গ্রাফ থিওরি**: সে প্রশ্ন করেছিল—একটা শহরের সাতটা ব্রিজ কীভাবে পার হওয়া যায়, যাতে একই ব্রিজ দুবার পেরোতে না হয়? এই প্রশ্ন থেকেই জন্ম নিল গণিতের নতুন একটা শাখা!
- **π (পাই)**: হ্যাঁ! পাই-এর অনেক অনেক অংক বের করার জন্যও সে দারুণ দারুণ নতুন কৌশল খুঁজে পেয়েছিল।

অয়লারের বয়স যখন প্রায় ৫৯, তখন একটা দুঃখের ঘটনা ঘটল—সে সম্পূর্ণ অন্ধ হয়ে গেল। কিন্তু সে কি গণিত থামিয়ে দিল? একদমই না!

সে সবকিছু মাথার ভেতরেই কল্পনা করত। বিশাল সমীকরণ যেন মহাকাশে ঘুরছে—এমন ছবি আঁকতে পারত, আকারগুলোকে নাচতে কল্পনা করতে পারত, আর একটাও না লিখে কঠিন ধাঁধা সমাধান করে ফেলত। তার গণিত-দক্ষতা এত শক্তিশালী ছিল যে কাগজ লাগত না। চোখ লাগত না। সেটা থাকত তার মন আর হৃদয়ে।

অয়লারের আসল রহস্য ছিল ম্যাজিক নয়—ছিল অনুশীলন, ধৈর্য ধরে লেগে থাকা, আর খেলার মতো আনন্দ। সে কঠিন করে ভাবতে মজা পেত। সংখ্যার সাহায্যে দুনিয়াকে "বোঝা" তার খুব ভালো লাগত।

তাই যদি তুমি—

- ধাঁধা-রিড্‌লস সমাধান করতে ভালোবাসো,
- বড় বড় "যদি এমন হয়?" প্রশ্ন করো,
- টিঙ্কার করতে, চেষ্টা করতে, আবার চেষ্টা করতে ভালোবাসো,

তাহলে বন্ধু, তুমি লিয়নহার্ড অয়লারের মতোই ভাবছ—একজন সত্যিকারের গণিত-জাদুকর!

জেমস ক্লার্ক ম্যাক্সওয়েল: লুকোনো প্যাটার্নের মাস্টার

স্কটল্যান্ডের এক শান্ত কোণে—যেখানে টিলাগুলো সমুদ্রের ঢেউয়ের মতো গড়িয়ে গেছে, আর ঘাসের মাঠে ভেড়াগুলো মার্শম্যালোর মতো ছড়িয়ে আছে—সেখানে জেমস নামে এক ছেলে বড় হচ্ছিল প্রশ্ন করতে করতে। গভীর প্রশ্ন। শুধু "আকাশ নীল কেন?" নয়—বরং "আলো আসলে কী দিয়ে তৈরি?" আর "যা চোখে দেখা যায় না, সেগুলোরও কি নিয়ম থাকে?"

ইলাস্ট্রেশন 40: জেমস ক্লার্ক ম্যাক্সওয়েল আলো নিয়ে পরীক্ষা করছেন

জেমস ছিল জোরে কথা বলা বা দেখানোর মতো মানুষ না। সে ছিল শান্ত, ভেবেচিন্তে চলা, আর এমন কৌতূহলী—যার সুইচ কখনও অফ হতো না। তুমি তাকে একটা ধাঁধা দিলে, সে সেটাকে মোচড় দিত, ঘুরাত, উল্টে দেখত—এমনকি আরও নতুন ধাঁধা বানিয়ে ফেলত, শুধু আরও ভালো করে বোঝার জন্য!

অন্য বাচ্চারা যখন জঙ্গলের ভেতর দৌড়াত, জেমস তখন থেমে যেত—জানালার কাঁচে আলো কীভাবে লাফিয়ে ফিরে আসে তা দেখতে, বা চুম্বকের চারপাশে লোহার গুঁড়ো কীভাবে নাচে তা দেখতে। সে শুধু "কি হলো" জানতে চাইত না—সে জানতে চাইত ঠিক কীভাবে কাজটা হলো।

এটাই হলো *প্রযুক্তিগত দক্ষতা*, যখন কেউ কোনো বিষয়ে এতটাই ভালো হয়ে যায় যে সে ক্ষুদ্রতম খুঁটিনাটিও দেখতে পারে, আর সেগুলো দিয়ে বিশাল কিছু বানিয়ে ফেলতে পারে। আর জেমস ক্লার্ক ম্যাক্সওয়েল ছিল ঠিক এমনই এক মাস্টার—যার মতো আর খুব কমই ছিল।

জেমস গণিত পড়ত ঠিক যেমন একজন শিল্পী রঙতুলি চালানো শেখে। যেমন চিত্রকর রঙ মেশায়, ম্যাক্সওয়েল তেমন সংখ্যা আর আকার মিশিয়ে ভাবত। তার বিশ্বাস ছিল—গণিত দিয়ে সবকিছু বোঝানো যায়। এমনকি যেগুলো আমরা দেখতে পাই না, সেগুলোকেও। আর সে ঠিকই ছিল।

তার সবচেয়ে বড় কৃতিত্বগুলোর একটা হলো ম্যাক্সওয়েলের সমীকরণ। নামটা শুনতে খুব "বড়-মানুষি" লাগতে পারে, কিন্তু আসলে এগুলো হলো একটা মানচিত্র—যেখানে দেখানো আছে আলো, বিদ্যুৎ, আর চুম্বকত্ব কীভাবে একে অপরের সঙ্গে জড়িয়ে আছে। আগে কেউ এটা এভাবে দেখাতে পারেনি।

যেন ম্যাক্সওয়েল মহাবিশ্বের পর্দা একটু সরিয়ে বলেছিল, "দেখো! এই ঘূর্ণায়মান শক্তিগুলো সুন্দর সুন্দর নিয়ম মেনে চলে। আর এই নাও—চারটা ছোট সমীকরণে সেটা লিখে দিলাম।"

টর্চ জ্বালাতে ভালো লাগে? ট্যাবলেটে ভিডিও দেখতে? বিজলি চমকের পর বজ্রের শব্দ শুনতে? এগুলোর সবকিছুর সঙ্গেই আছে তড়িৎচৌম্বক তরঙ্গ—যেটা ম্যাক্সওয়েল ১৫০ বছরেরও বেশি আগে বুঝিয়ে দিয়েছিল।

আসলে প্রতিবার তুমি লাইটের সুইচ অন করো, টেক্সট মেসেজ পাঠাও, বা Wi-Fi ধরো—পেছনে চুপচাপ কাজ করে তোমাকে সাহায্য করছে ম্যাক্সওয়েলের জিনিয়াসের এক টুকরো।

এমনকি ইতিহাসের অন্যতম বুদ্ধিমান বিজ্ঞানী আলবার্ট আইনস্টাইন একবার বলেছিলেন—তার কাজ নাকি অনেকটাই "জেমস ক্লার্ক ম্যাক্সওয়েলের কাঁধের ওপর দাঁড়িয়ে" করা। আইনস্টাইন নিজের দেয়ালে ম্যাক্সওয়েলের ছবি টাঙিয়েছিলেন—সে যে বিখ্যাত ছিল বলে না, বরং যে ছিল নীরবভাবে অসাধারণ বলে।

জেমস রকেট বানায়নি। পদক জেতেনি। সে শুধু মহাবিশ্বকে এমন যত্নে, এমন নিখুঁতভাবে দেখেছিল—যে এমন সব গোপন কথা বেরিয়ে এসেছে, যা আগে কেউ দেখেইনি।

তাই তুমি যদি ধাঁধা ভাঙতে ভালোবাসো, প্যাটার্ন খুঁজতে ভালোবাসো, বা দুনিয়াকে বোঝার জন্য ডায়াগ্রাম আঁকো—তাহলে তুমি একটু ম্যাক্সওয়েলের মতোই। কারণ কখনও কখনও "মাস্টার" হওয়া মানে হাজারটা কাজ করা নয়। মানে হলো একটা কাজ একদম নিখুঁতভাবে করা—আর সেটার মাধ্যমে দুনিয়াকে বদলে দেওয়া।